FERIENSTRASSEN KANADA-NATIONALPARKS

FERIENSTRASSEN

Nord- und Nordwest-Europa

Nordland
Island
England und Wales
Schottland
Irland

Alpengebiete

Österreichs Alpenstraßen
Kärnten und Osttirol
Das Aostatal
Vom Engadin zum Luganer See
Julische Alpen

Ost-Europa

Tschechoslowakei
Polenreise

Italien

Autostrada del sole
Durch die Abruzzen
Neapel und seine Goldene Küste
Sardinien

Europäische Ströme

Der Rhein

Deutschland

Oberbayerische Seen
Der Bodensee

Südost-Europa

Die jugoslawische Adriaküste
Rumänien
Bulgarien
Griechische Inseln
Griechische Reise
Kreta
Ungarnreise
Türkei

West- und Südwest-Europa

Elsaß
Andalusische Reise
Korsika
Portugal

Außereuropäische Gebiete

Nordafrika
Kanada
Kanada-Nationalparks
Südafrika
Iran

Monika Ritter

KANADA

Die Nationalparks Jasper, Banff und Kootenay

Verlag Anton Schroll & Co
Wien und München

Dieser Band enthält 80 Farbabbildungen, 3 Übersichtskarten und 12 Abbildungen im Text.

Die Aufnahmen und Zeichnungen stammen von Monika Ritter, München
Das Bild vom Grizzly (Seite 111) stammt von Bill Merilees, Kanada

ISBN 3-7031-0555-0

Gesamtherstellung: Agens-Werk Geyer + Reisser, Wien

INHALT

LANDSCHAFT

Die kanadischen Nationalparks Jasper, Banff und Kootenay erstrecken sich in einem der landschaftlich großartigsten Gebiete Nordamerikas. Eingebettet in die weiten Täler der östlichen Rocky Mountains, umgeben von himmelhohen Bergen und zahllosen Gletschern und durchzogen von glitzernden Flüssen, sind diese Parks die Hauptanziehungspunkte des kanadischen Westens.

Über 400 Kilometer dehnen sich die Nationalparks Jasper und Banff entlang der westlichen Grenze der Provinz Alberta aus. Der Kootenay-Nationalpark schließt sich gleich im Westen an. Er liegt bereits in „Beautiful British Columbia". Die enormen Ausmaße dieser zusammenhängenden Parks machen sie zu einem der größten Naturschutzgebiete der Erde. Und trotzdem sind sie nur ein kleiner, aber dafür unvergleichlich schöner Teil der Rocky Mountains – jener gigantischen Bergkette, die sich von Alaska bis New Mexico hinzieht und sich in Südamerika, dort „Kordilleren" genannt, fortsetzt.

Das Landschaftsbild der Nationalparks wird vor allem durch die überwältigenden Berge und Gletscher geprägt. Viele Felsspitzen sind so hoch, daß sie das ganze Jahr hindurch mit Eis bedeckt sind. Die erbarmungslosen Kräfte von Schnee, Wind und Regen schufen hier bizarre Felsformationen – scharfe Zacken, Zinnen und Türmchen, zierliche Minarette, klotzige Steinburgen und kühne Canyons. Sie schufen ebenso ungeheure Geröllhalden, die mit der Zeit in die Gletscherseen und -täler transportiert werden und so laufend die Landschaft umgestalten; sehr langsam zwar und für uns kaum wahrnehmbar, aber doch mit einer unaufhaltsamen Beständigkeit.

Tiefgrüne, unendlich weite Wälder schmiegen sich entlang der Flußtäler und Bergflanken. Sie setzen dunkle Akzente zwischen den strahlend blauen Himmel und die silbern glänzenden Flußbänder. Die reizvollsten Farbkleckse im Landschaftsbild sind die Gletscherseen. Ihre leuchtenden Blau- und Grünschattierungen sind geradezu unglaublich. Immer wieder ist man von der Intensität der Farbe begeistert. Im Sommer werden die Seeufer, Wiesen und Berge mit üppiger Blumenpracht überschüttet. Selbst bis hinauf in alpine Regionen zieht sich das Blütenkleid.

Wohl niemand hat je in seinem Leben die gesamten Rocky Mountains kennengelernt – dazu sind sie zu groß und zu weit. Aber es ist möglich, mit einem der prachtvollsten Teile davon vertraut zu werden, mit dem Gebiet der Nationalparks Jasper, Banff und Kootenay.

Die Schönheit der kanadischen Rocky Mountains und der liebevoll gehegten Parks wird weit über die heimischen Grenzen hinaus gerühmt. Nicht nur Kanadier verbringen hier jedes Jahr ihren Urlaub, auch die Besucherzahl aus den USA und aus Europa nimmt ständig zu. Und das ist kein Wunder. Wer einmal die weißen Schneekappen der majestätischen Berge leuchten sah, wer an türkis schimmernden Seen eine beschauliche Stunde verbrachte, wer die überschwengliche Pracht der Natur erlebte und die großzügige Gastfreundschaft der Kanadier erfuhr, der hat für immer sein Herz hier verloren.

DIE ENTSTEHUNG DER ROCKY MOUNTAINS

Wenn man heute vor dem eindrucksvollen Massiv der Rocky Mountains steht, dann kann man kaum glauben, daß hier vor langer, langer Zeit nur ein flaches ödes Stück Land existierte. Der Beginn der Entstehung hat mit der heutigen Form und Beschaffenheit dieser Berge sehr wenig zu tun. Vor etwa 1600 bis 200 Millionen Jahren wurden die Fundamente für ihren Aufbau gelegt. In dieser Zeit bedeckte der Pazifik ein riesiges flaches Gebiet bis etwa an die Ostgrenze des heutigen British Columbia. Dieses warme, sehr seichte Inlandmeer bot ideale Lebensbedingungen für viele Meeresbewohner. Die harten Schalen und Skelette mancher Tierarten wurden in den Sand gedrückt und später, durch immer höhere Sedimentablagerungen, versteinert. Die Flüsse der umliegenden Landbereiche, die damals wüst und trist waren, trugen Geröll mit sich fort, formten lange Deltas und transportierten ihre Sedimente in das niedrige Schelfmeer. Ebenso lagerte der Pazifik unablässig Schlick, Sand und Kalk hier ab. Schicht auf Schicht wurde übereinander getürmt. Durch das große Gewicht der sedimentären Ablagerungen sank jeweils das ganze Gebiet tiefer in den Erdmantel ein, und zwar im gleichen Maße, in dem die Aufschichtung stattfand. Auf diese Weise wurden die unteren Lagen zu Sandstein und Schiefer gepreßt. Die gesamten Ablagerungen erreichten eine Dicke von etwa 1500 Metern. Das flache Inlandmeer blieb also in seiner Form über Jahrmillionen fast unverändert bestehen. Versteinerungen von kleinen Muscheln, Schnecken oder von geriffeltem Sandboden aus dieser urzeitlichen Periode können heute, wenn auch nur sehr selten, in den Rocky Mountains gefunden werden. In einem späteren Auffaltungsprozeß wurden an einigen wenigen Stellen der heutigen zentralen Bergregion diese ältesten Ablagerungen an die Oberfläche geschoben. Der größte Teil jedoch liegt immer noch tief unter anderem Gestein verborgen. Die schräg geschichteten Wände des Mount Edith Cavell, der mittlere Teil des Mount Eisenhower und etwa 400 Meter vom Felsgestein des Mount Robson bestehen teilweise aus dem ältesten Gestein der frühen Entstehungsperiode. Die Geologen bezeichnen diese Zeit als Präkambrium.

Dann, vor ca. 200 bis 100 Millionen Jahren, begann eine völlig neue Entwicklung. Die urgewaltigen Kräfte des Erdinnern hoben einige Teile des flachen Inlandmeeres und die Küstenregion des heutigen British Columbia an und schufen Berge und Hügel. Andere große Gebiete des flachen Meeres wurden jedoch nur sanft gehoben und blieben weiterhin unter Wasser. Dieses neu entstandene Gebirgsland erodierte nach und nach und versorgte das umliegende Meer zusätzlich mit Sedimenten. In der Zeit von vor 80 bis 57 Millionen Jahren setzte eine sehr aktive Phase der Bergbildung ein. Zwei neue Gebirgszüge wurden hochgedrückt; einer entstand etwa in der Gegend des heutigen British Columbia und einer formte die Rocky Mountains. Östlich davon lag nun ein riesiges, vom Pazifik abgetrenntes Binnenmeer, das sich von Nord nach Süd erstreckte und die heutigen großen Ebenen von Alberta bedeckte. Die ständige Erosion der neuen Berge füllte mit der Zeit die flachen Schelfgebiete mit Sedimenten auf. Am stärksten war die Gesteinsauffaltung vor rund 70 Millionen Jahren. Im zentralen Bergterrain von British Columbia entstand dadurch eine Anzahl Vul-

kane, deren Lavaflüsse die Landschaft umformten.
Durch die extreme Auffaltung brach an vielen Stellen das Gestein und bildete Risse. Große Mengen flüssigen Magmas konnten in die Brüche und Spalten eindringen. Es erkaltete und erstarrte schließlich und zog sich gleich Adern durch das Gestein. Da der Druck aus dem Erdinnern aber nicht an allen Stellen gleichmäßig stark war, wurden manche Teile der Berge mehr nach oben geschoben als andere. Sie verkanteten sich gegeneinander, verdrehten sich, schoben sich übereinander hinweg oder sanken ab.
Normalerweise liegen die jüngsten Gesteinsschichten immer über den älteren. Bei extremer Auffaltung jedoch ist dies nicht der Fall. Dann werden sehr alte Felsformationen in den höchsten Bergregionen, meist im Zentrum des Gebirges, sichtbar. So auch in den Rocky Mountains. Westlich des Icefields Parkway zeigt sich teilweise solches Urgestein.
Seit dem gewaltsamen Hochschieben durch die Kräfte des Erdinnern vor ca. 60 Millionen Jahren veränderte sich das Aussehen der Bergkette nicht mehr grundlegend. Nur die Eiszeit und die immer fortwährende Erosion modellierten die Landschaft weiter, bis sie ihre heutige Form erhielt. Trotzdem ist die Bergbildung der Rockies noch nicht abgeschlossen. Sie hält immer noch an. Aber sie geht so langsam vor sich, über so unvorstellbar weite Zeiträume, daß sie kaum meßbar ist.
Als vor etwa einer Million Jahren die Eiszeiten einsetzten, muß dieses Gebiet ungefähr so wie heute Grönland ausgesehen haben. Eine riesige Masse aus Eis und Schnee wälzte sich mit ungeheurer Macht ständig talwärts. Felsen aller Größen wurden von den wandernden Eisflächen bis weit ins Land befördert. In der Nähe von Calgary hat man z. B. einen großen Felsklotz gefunden, der nachweislich vom über 450 Kilometer weit entfernten Mount-Edith-Cavell-Gebiet (nahe Jasper City) stammt. Daraus kann man ersehen, wie gigantisch die Eiskappe der Rocky Mountains gewesen sein muß. Manche Berge waren hoch genug, um noch ihre Spitzen über die Eisdecke zu erheben, andere waren zu niedrig. Sie wurden von den Gletschern erbarmungslos geschliffen und abgetragen. Das kann man heute noch gut an der runden Form mancher Bergkuppen erkennen.
Die alles zermalmenden, träge fließenden Gletscherzungen folgten immer dem Weg des geringsten Widerstandes, das heißt, sie benutzten die bereits vorgeformten V-Täler der reißenden Flüsse, weiteten und vertieften sie und schufen dadurch steile klippenähnliche Bergwände. Sie gestalteten die V-förmigen Flußtäler um in eine großzügige U-Form, die für Gletschertäler ganz typisch ist.
Kleinere Gletscher, hoch oben in den Felsregionen, gruben in zuerst nur unbedeutende Felsmulden tiefe Kare. Ist es das ganze Jahr hindurch kalt genug, bleibt der Schnee in den oberen Regionen liegen. Jahr für Jahr türmen sich dann die Schneemassen aufeinander. Bei etwa dreißig Metern Schnee ist der Druck der oberen Schichten groß genug, um die unteren zu Eis zu pressen. Wird nun auch das Eis immer dicker und schwerer, dann übt es einen so gewaltigen Druck aus, daß es sich untrennbar mit dem Felsuntergrund verbindet. Wegen ihres immensen Gewichts beginnen die Eismassen zu gleiten, reißen riesige Gesteinsbrocken aus der Vertiefung und tragen sie mit sich fort ins Tal. Stück für Stück höhlt der Gletscher den Felsen aus, schleift die Rückwand allmählich höher und steiler, bis ein

mächtiges Kar entstanden ist. Ganz besonders auffallend sind die großen Kare des Maligne-Gletschers am Maligne Lake (Jasper-Nationalpark). Betrachtet man sie und die dahinterliegende zerfurchte, schräg geschliffene Felswand, dann kann man sich vielleicht vorstellen, wie enorm die zerstörerische Kraft des Eises ist.

Da kleinere Gletscher nicht die kolossale Gewalt der großen fließenden Eismassen in den Haupttälern hatten, schufen sie auch nur kleine Täler zwischen den Bergen, die die tiefer gelegenen Haupttäler nicht erreichen konnten. Als die Gletscher geschmolzen waren, blieben hoch über den Haupttälern die kleineren Täler zurück. Man bezeichnet sie als „hängende Täler“.

Die wärmeren Perioden, die jeweils zwischen den vier Haupteiszeiten auftraten, waren ebenso maßgeblich an der Gestaltung der Landschaft beteiligt. Die schmelzenden Gletscher zogen sich während dieser Zeit in ihre Ausgangsgebiete, hoch in die zentrale Bergregion der Rocky Mountains, zurück und hinterließen Wälle aus Geröll, sogenannte Moränen, die sie entweder neben oder vor sich her geschoben hatten. Neue Flüsse formten sich aus dem Schmelzwasser und erreichten bisher ungekannte Ausmaße. Immer reicher gespeist durch die zurücktretenden Gletscher, durchbrachen sie die Moränenwände, rissen Felsen und Geröll mit sich fort, zermahlten es und füllten damit die Senken in den Gletschertälern. Die Täler des Athabasca und des Sunwapta River sind typische Beispiele für solche Vorgänge. Ebenfalls ganz charakteristisch für die Gletschereinwirkungen sind die kleinen Seen, die man in ausgeschliffenen Karen entdecken kann.

Bäche, die über die senkrecht geschliffenen Klippen in die Gletschertäler stürzten, formten herrliche Wasserfälle. Je nach Gesteinshärte schnitten sie sich langsamer oder schneller ihren Weg rückwärts in den Fels und schufen tiefe, enge Schluchten, wie etwa den Maligne Canyon im Jasper-Nationalpark.

Seit dem Ende der letzten Eiszeit, vor ca. 10.000 Jahren, gingen die Eismassen, abgesehen von unbedeutenden Zwischeneiszeiten, ständig zurück. Kleinere Gletscher findet man heute vor allem noch an sonnengeschützten Nordhängen. Sie sind jedoch keine Überreste der großen Eiszeiten, sondern entstanden während einer kurzen Kälteperiode vor etwa 300 Jahren. Man nimmt an, daß die Schneefälle heute noch genauso ergiebig sind wie damals während der Eiszeiten. Doch da jetzt die Temperaturen allgemein angestiegen sind, bleibt der Schnee nicht das ganze Jahr über liegen. Es kann sich also keine Schicht bilden, die hoch genug wäre, um sich zu Gletschereis umzuformen. Der meiste Teil des Schnees schmilzt und speist die Flüsse.

Nur einige wenige Eisfelder, wie das Wapta- oder das Columbia-Eisfeld, so groß sie uns auch erscheinen mögen, sind noch winzige Reste der ehemals ungeheuren Eisdecke. Der Athabasca-Gletscher im Jasper-Nationalpark, eine kleine Zunge des Columbia-Eisfeldes, ist heute der besterforschte Gletscher der Erde, da er sehr gut zugänglich ist. Hier bekommt man einen ausgezeichneten Eindruck, wie das ganze Rocky-Mountains-Gebiet während der vergangenen Millionen Jahre ausgesehen haben muß. Gletscherforscher stellten fest, daß der Rückzug der Eismassen in den letzten Jahren zum Stillstand gekommen ist. Und Spekulationen, warum das so ist, bleiben da natürlich nicht aus.

Wird eine neue Eiszeit kommen?

FAUNA UND FLORA

Lodgepole-Kiefer

Wacholder

Weißfichte

Douglas-Tanne

Einer der größten Reichtümer Kanadas sind seine Wälder. Bis der Mensch kam und sie für seine Zwecke nutzte, herrschte in diesem großen Biotop Ausgeglichenheit. Der Artenreichtum bei Tieren und Pflanzen war vielfältig. Krankheit, Tod und neues Leben hielten die empfindliche Balance der Überlebenswaage im Gleichgewicht; und das seit Millionen von Jahren. Das änderte sich alles schlagartig, als der Mensch riesige Areale abholzte. Weite Teile wurden zwar wieder aufgeforstet, aber, um des guten Geschäftes willen, nur mit schnell wachsenden Monokulturen. Die meisten Tierarten wurden aus ihrem Lebensraum vertrieben, wurden erlegt oder mußten verhungern. Haustiere brachten Krankheitserreger unter den restlichen Wildbestand; Krankheiten, die es vorher hier nie gegeben hatte und gegen die die Wildtiere keine Abwehrkräfte entwickeln konnten. Sie gingen zu Tausenden jämmerlich zugrunde. Aufschwung dagegen erlebten die verschiedensten Holzschädlinge, die in den neu angelegten Monokulturwäldern ideale Lebensbedingungen fanden.

In den kanadischen Nationalparks konnte noch ein kleiner Teil unberührter Natur erhalten bleiben. Unter dem Schutz des Staates wurde ein weitreichender, zusammenhängender Lebensraum vor menschlichen Eingriffen bewahrt. Die Größe des geschützten Gebietes spielt dabei eine sehr wichtige Rolle. Denn je umfangreicher eine solche Region ist, um so leichter bleibt das Ökosystem intakt, um so besser sind die Chancen der Natur, sich selbst zu regulieren.

In den Nationalparks findet man keine eintönigen Monokulturen. Weiden und Espen wachsen an Flußufern und in Sumpfgebieten; Fichten, Tannen, Kiefern und dichtes Buschwerk breiten einen grünen Mantel über Täler und Berge. Bis hinauf in subalpine Bereiche eroberte sich die Vegetation einen Lebensraum. Man muß immer wieder staunen, an welchen Stellen Bäume noch Fuß fassen können: an Geröllhalden erodierter Berge, an handbreiten nackten Felsvorsprüngen und sogar an den steilen Wänden der Canyons. Der Wuchs der Bäume ist schlank und hoch, und ihre Äste sind nicht so weit ausladend, wie wir es sonst kennen. Der Grund dafür ist die große Schneelast im Winter, unter der weitgespreizte Äste abbrechen würden.

Je höher man die Rocky Mountains hinaufsteigt und je näher man an die Baumgrenze kommt, desto gedrungener und krüppeliger wird die Gestalt der Bäume. Der Stand der Äste wird vom klirrenden Atem des Winters bestimmt. Oft ragen ungeschützte Zweige nur in eine Richtung – weg von den eisigen Winden.

Da der Höhenunterschied zwischen Flußtälern und Bergspitzen sehr groß ist, gibt es hier auch verschiedene Vegetationszonen und somit eine reiche Flora. Die Zonen sind nicht klar voneinander abgegrenzt, sondern überlappen sich gebietsweise. Der Sommer dauert in den Bergen nur kurz, und deshalb entfaltet sich die ganze Blütenpracht fast auf einmal. Die warme Jahreszeit hält ihren Einzug zuerst in den Tälern. Wiesen, Wald- und Wegränder werden mit üppiger Schönheit, mit einem zarten, bunten Blumenmosaik überzogen. Erreicht der Sommer endlich die hohen subalpinen Regionen, löst in den Tälern bereits der Herbst den Sommer ab und malt erste goldgelbe Flecken auf die zitternden Espenblätter. Je weiter man hinaufkommt, je härter das Klima wird, um so geringer wird die Zahl der Pflanzenarten, die hier noch überleben können. Infolgedessen findet man in diesen Gebieten auch nur sehr wenige Tiere. Sie müssen an extreme Lebensbedingungen gut angepaßt sein. Einen Vorstoß in die unwirtlichen, kargen alpinen Gesteins- und Schneeregionen wagen nur noch Moose und Flechten. Selbst auf blanken Felsen sind ihre grell leuchtenden gelben und orangen Farbtupfer noch zu finden. Diese Miniaturpflanzen sondern eine Säure ab, die das Gestein angreift. So tragen sie auf ihre Weise zur Erosion bei.

Trotzdem ist die Blüte in den subalpinen Zonen nicht weniger überschwenglich als die in den Tälern. Gleich unterhalb der Schneefelder prunken weite Wiesen übervoll mit zartgelben Gletscherlilien, tintenblauem Enzian und signalroten Affenblumen. Diese unmäßige Fülle versetzt jeden Wanderer in Entzücken. Das Herz wird leicht, und am liebsten würde man bleiben, bis die Blüte endgültig vorbei ist. Wie die Bäume sind auch andere Pflanzen in den hochgelegenen Gebieten von niedrigem Wuchs. Geduckt hinter schützenden Felsen und nahe an den Boden gekauert, kämpfen sie Jahr für Jahr gegen härteste Bedingungen. Manche subalpine Pflanzen brauchen zehn, ja einige sogar 20 Jahre, bis sie zum ersten Mal blühen. Das zeigt deutlich, wie lebensfeindlich das Klima in diesen großen Höhen ist. Setzt ein unbedachter Wanderer einmal seinen Fuß auf diese zarten Gewächse, so benötigen sie oft drei bis vier Jahre, um sich davon wieder zu erholen – wenn sie diesen Fehltritt überhaupt überleben. Darum muß man sich im Hochgebirge, in diesem leicht verletzbaren Gebiet, besonders vorsichtig bewegen. Zu schnell ist die Schönheit ruiniert und Leben ausgelöscht. Seit Menschen in großer Zahl in dieses Land kamen, litt nicht nur das einst so große Spektrum der Flora. Noch mehr hatten die Tiere unter der Besitznahme ihres Landes zu erleiden. Alle Arten, egal ob Bison oder Biber, ob Grizzly oder Gans, wurden erbarmungslos gejagt. Sie galten entweder als Feind des Menschen oder waren ein sehr einträgliches Geschäft auf dem Fleisch- oder Pelzmarkt. Mensch und Tier zusammen, das scheint sich nicht vereinbaren zu lassen. Besonders Pumas, Wapitis, Elche, Dickhornschafe und Bären waren die Ziele der Gewehre schießwütiger Jäger. Menschen aus allen Teilen des Landes kamen zusammen und veranstalteten rigorose Großwildjagden, prahlten zu Hause mit Abenteuern und animierten so immer mehr trophäengierige Schützen, in den Westen zu ziehen. Wohlgemerkt, hier ging es nicht um Fleischgewinnung für das Überleben, sondern um mörderische, sinnlose Abschlachtungen. Natürlich standen Raubtiere ganz oben auf der Abschußliste. Den Sonntagsjägern brachten sie, ausgestopft oder als Bettvorleger, Bewunderung und Prestige bei Nachbarn und Freunden ein. Den Siedlern waren sie, da sie sich während Hungerzeiten so manches Mal an Haustiere heranwagten, ebenso ein Dorn im Auge. Für viele Tierarten war es kurz vor zwölf, und nur die Gründung der Nationalparks sicherte ihr Fortbestehen.

Heute sind besonders die Bären, die einstigen „wilden Ungeheuer", begehrte Motive für den Urlaubsfilm. Sie bringen immer noch Bewunderung ein, aber dieses Mal nur als Hauptdarsteller auf einem Zelluloidstreifen. Die kraftstrotzenden, dickfelligen Kolosse sind die Lieblinge der Besucher. Ihnen ist etwas später ein eigener Abschnitt gewidmet.

Der Puma, früher ebenso ein gefürchteter Räuber, ist heute nur noch sehr selten zu

Lärche

Schwarzfichte

Engelmann-Fichte

Westamerikanische Balsamtanne

Amerikanischer Uhu

finden und darüber hinaus eine ausgesprochen scheue Katze.
Ebenfalls sehr scheu und zurückgezogen leben die wenigen Wölfe in den Nationalparks. Noch heute werden sie in nicht geschützten nördlichen Gebieten erbarmungslos gejagt. Seinen schlechten Ruf hat der Wolf, wie die genauen Studien der Verhaltensforschung zeigen, völlig zu Unrecht. Leider kosten ihn alte Märchen und Lügen immer noch Kopf und Kragen. Im Jasper-Nationalpark konnte sich ihre Zahl von 1976 bis 1980 erfreulicherweise verdoppeln; sie liegt heute bei etwa 180.
Koyoten bekommt man recht häufig zu Gesicht, und noch öfter kann man sie hören. Ihr heulender Gesang durchzieht die sternenklaren, silbernen Nächte. Wie kaum ein anderes Tier wurde diese Wildhundart in Nordamerika gejagt. Ihr herrlicher dichter Winterpelz wäre beinahe ihr Untergang gewesen.
Die verschiedenen Wildarten, wie das Karibu, Maultierhirsch, der Weißwedelhirsch und der Wapiti, merkten sehr schnell, daß ihnen in dem Gebiet der Nationalparks niemand mit einer Flinte nachstellte. In kurzer Zeit vermehrten sie sich rasch, und besonders den Maultierhirsch und das Wapiti, früher extrem bejagt wegen seines imposanten Geweihs, entdeckt man heute wieder überall bei Wanderungen.
An Flußniederungen oder Sümpfen lohnt es sich immer, nach Elchen Ausschau zu halten. Sie bevorzugen diese Gebiete, weil sie dort ihre Lieblingsnahrung finden – gewisse Arten von Wasserpflanzen.
Die Gestalt des Elchs erscheint irgendwie unproportioniert. Die Beine sind zu lang, der Kopf zu groß und das Hinterteil, na ja, das ist auch nicht gerade graziös. Das alles harmoniert nicht miteinander. Doch diese eigenartige Körperform ist nichts anderes als vortreffliche Anpassung an die Umwelt. Elche laufen auf weit spreizbaren Paarhufen, die ein tiefes Einsinken in Schnee und Morast verhindern. Ihre langen, stelzenartigen Beine ermöglichen das Erreichen auch sehr hoch gewachsener Zweige, und ihre überhängende Oberlippe ist hervorragend geeignet, Wasserpflanzen zu fassen und abzuweiden.
In einer ganz anderen Region der Rocky Mountains leben die Schneeziegen und Bighornschafe. Sie schätzen die Höhenluft und verlassen nur selten die zerklüfteten Felsen des Hochgebirges, es sei denn, um eine der wenigen Salzlecken aufzusuchen. Denn Salz ist für beide Tierarten lebensnotwendig. Die Bergziege, mit langen weißen oder leicht gelblichen Haaren, ist eigentlich gar keine Ziege. Sie gehört zu den Ziegenantilopen und ist mit den europäischen Gemsen verwandt. Beide Geschlechter haben etwa 25 Zentimeter lange, leicht nach hinten gebogene Hörner. Schneeziegen sind wahre Kletterakrobaten. An

den unmöglichsten und schmalsten Felsvorsprüngen bewegen sie sich so selbstverständlich wie unsereins in der Fußgängerzone. Ihre Hufe sind speziell dafür ausgebildet. Die Zehen sind konkav geformt und bieten sicheren Halt in schwindelnden Höhen.

An artistischen Leistungen stehen die Bighornschafe den Schneeziegen nicht nach. Sie sind ausgesprochene Hochgebirgsbewohner und meistern mit sehenswerter Eleganz die furchterregendsten Abgründe.

Erwachsene Böcke sind Eigenbrötler und vagabundieren das ganze Jahr über, bis auf die Paarungszeit im Winter, durch die unzugänglichen Felsspitzen des Gebirges. Ihre Hörner sind ganz charakteristisch geformt. Sie sind dick und stark nach hinten gebogen. Bei älteren Tieren beschreibt die Hornrundung oft mehr als 360 Grad. Heranwachsende Böcke und weibliche Tiere haben kürzere und nicht so umfangreiche Hörner. Während der Brunftzeit fechten die erwachsenen Widder harte Konkurrenzkämpfe aus. Aus einigen Metern Entfernung sprengen sie mit Anlauf auf den Gegner zu und rammen die Gehörne mit ungeheurer Wucht aufeinander. Der Knall des Zusammenpralls ist weit in den Bergen zu hören.

Das Schneehuhn, auch eines der wenigen Lebewesen, das wie das Bighornschaf das ganze Jahr hindurch über der Baumgrenze lebt, ist ein echtes Verwandlungsgenie. Perfekt paßt es sein Federkleid jeweils den Jahreszeiten an. Im Winter ist es fleckenlos weiß und in den Schneefeldern nicht auszumachen. Im Sommer verliert es diese Federn, und hellbraune, gesprenkelt mit dunklen und rostbraunen Tupfen, wachsen nach. Ein wirklicher Meister der Tarnung! Es ist ein seltener Glücksfall, diesen Hühnervogel in den Rocky Mountains zu entdecken.

Natürlich gäbe es noch über viele andere Tiere zu berichten, die in den kanadischen Nationalparks ihr Zuhause haben, z. B. über Stachelschweine, Murmeltiere und Biber, über Füchse, Ottern und Stinktiere, über Vögel, Fische und Insekten. Doch hier konnte nur eine kleine Auswahl getroffen werden.

Über einen letzten, aber typischen Vertreter der Rocky-Mountains-Fauna soll noch kurz gesprochen werden – über das Ground Squirrel. Dieses reizende Erdhörnchen sieht man oft aufrecht vor dem Eingang seines unterirdischen Tunnelsystems stehen. Golden glänzt das kurze Fell in der Sonne, und immer neugierig schnuppert das kleine Näschen in den Wind, daß die langen Barthaare nur so zittern. Wer würde glauben, daß dieses nette Kerlchen ein ganz spezialisierter Überlebenskünstler ist, hervorragend an seine Umwelt angepaßt. Während des Sommers frißt sich das Erdhörnchen einen ansehnlichen Speckbauch an. Brechen die kalten Tage herein, zieht es sich in seine Erdhöhle zurück und hält ausgiebig Winterschlaf – ganze acht Monate im Jahr! Und nun kommt das Unglaubliche: Während der kältesten und härtesten Tage im Winter kann das Erdhörnchen seine Körpertemperatur auf fast den Gefrierpunkt senken, um den Energieverbrauch möglichst niedrig zu halten.

Sumpfschnepfe

Koyote

Denn sollte es zu schnell die angefressene Speckschicht verbraucht haben und zu früh im kommenden Jahr auf Futtersuche gehen müssen, dann würde das den sicheren Hungertod für das Hörnchen bedeuten.

ALLES ÜBER BÄREN

Wer möchte nicht gerne einen Bären zu Gesicht bekommen, wenn er durch die Rocky Mountains fährt? Und da eine Begegnung mit ihnen in den Nationalparks nicht ausgeschlossen ist, ist es wichtig, einige grundsätzliche Dinge über sie zu wissen.
Grizzlies, wie auch die Schwarzbären, sind ausgesprochene Individualisten und Einzelgänger. Nur zur Paarungszeit sind die beiden Partner für kurze Zeit zusammen. Ansonsten kümmert sich das Männchen um seinen Nachwuchs nicht im geringsten. Dafür ist allein die Bärin zuständig, und sie ist eine äußerst liebevolle Mutter. Im Jänner bringt sie bis zu vier Junge zur Welt und betreut sie etwa zwei Jahre. Trifft man also einmal auf mehrere Bären gleichzeitig, dann kann man sicher sein, daß es sich um eine Bande Halbwüchsiger handelt. Wie jede gute Mutter ist auch die Bärin sehr um ihre Jungen besorgt und verteidigt sie bei Gefahr mit allen Mitteln. Darum muß man beim Wandern sehr darauf achten, nie zwischen sie und ihren drolligen Nachwuchs zu kommen. Das faßt sie auf jeden Fall als Bedrohung auf. Bei den Bären ist, ganz anders als beim Menschen, der Geruchssinn am stärksten ausgeprägt. An zweiter Stelle folgt der Gehörsinn. Ansonsten müßten sie eigentlich Brillenträger sein, denn ihre Augen können nur auf kurze Distanz Genaueres erkennen. Die ausgesprochen feine Nase bestimmt den Weg des Bären. Essensgeruch, auch Abfall, ja selbst stark duftende Kosmetika, wie Parfum oder Haarspray, ziehen ihn unwiderstehlich an. Für den harten, langen Winter in den Rocky Mountains müssen sich die Bären eine dicke Fettschicht zulegen. Da sie Allesfresser sind, haben sie verhältnismäßig wenig Futterprobleme. Ihre Kost ist zu 90 Prozent vegetarisch und besteht nur zu zehn Prozent aus Fleisch. Sie suchen sich deshalb gezielt sehr nahrhafte Pflanzen und Pflanzenteile aus. Beeren, Früchte, Wurzeln, Baumknospen, Vogeleier, Ameisen und Getreide decken den Tisch reichlich für sie. Selbst vor Käfern und Larven machen sie nicht halt. Für ein bißchen Honig lassen sie sich sogar in die Nase stechen, was auch für sie sehr schmerzhaft ist. Dank ihres dicken Pelzes können ihnen die Bienen aber sonst nichts anhaben. Im Spätsommer findet man Bären häufig an Flüssen. Sie stehen bis

zum Bauch im Wasser und fischen nach Lachsen, die weit flußaufwärts gewandert sind, um hier zu laichen. Bären sind recht geschickte Fischfänger. Doch sicher ist es auch nicht allzu schwierig, die völlig erschöpften Lachse aus dem Wasser zu holen.
Ein Grizzly schlemmt sich für die eisige Jahreszeit bis zu 150 Kilogramm Speck auf die Rippen. Das ist etwa ein Drittel seines Körpergewichts. Im Spätherbst sehen daher die meisten Bären wie große braune Kugeln aus. Beginnt die Winterzeit, dann ziehen sich die Bären in eine Höhle oder eine ähnlich geschützte Stelle zurück, in der sie ein vorher sorgsam vorbereitetes Lager beziehen. Sie scheinen zu wissen: Wie man sich bettet, so liegt man. Aber einen ausgesprochenen Winterschlaf halten sie trotz bequemer Liegestatt nicht. Sie fallen mehr in einen halbwachen Zustand, aus dem sie bei nahender Gefahr sofort erwachen. Kommt der Frühling und knurrt beim Bär der Magen, dann macht er sich auf die Suche nach etwas Eßbarem. Dies ist für ihn die härteste Jahreszeit. Der Hunger treibt ihn manchmal bis nahe an menschliche Siedlungen, in der Erwartung, dort etwas Abfall zu finden oder vielleicht sogar ein Haustier zu schlagen. Er kann selbst noch Beute fortschleppen, die größer und schwerer ist als er selbst. Die Schneeschmelze ist auch die härteste Zeit für das Wild im Nationalpark. Es ist schwach, abgemagert, zum Teil krank und somit für den hungrigen Bären leichte Beute. Würde man das Wild den Winter über füttern, um die Sterbensquote niedrig zu halten, müßten im Frühjahr die Bären verhungern. Denn dann hätten sie keine Chance, die wohlgenährten, kräftigen Wildarten zu erlegen. Spitzt das erste Grün aus den Zweigen und liegen die ersten Vogeleier in den Nestern, dann wird das Leben für die Bären wieder leichter. Da der Frühling zuerst in den Tälern einzieht, findet man während dieser Zeit dort Grizzlies wie auch Schwarzbären. Im Sommer wandern die Grizzlies hinauf in hohe alpine Regionen. Sie kommen erst im Spätherbst wieder in die Täler. Die Schwarzbären dagegen bleiben das ganze Jahr über in den Wald- und Buschgebieten. Um sich von ihrer überwiegend vegetarischen Kost einen dicken Ranzen anzufressen, müssen sie unermüdlich auf Futtersuche sein. Sie streunen daher über weite Gebiete.

Bären haben unglaubliche Kräfte. Nicht umsonst heißt es: „so stark wie ein Bär".
Vor einigen Jahren wurde ein Kampf zwischen einem Grizzly und einem Schwarzbären beobachtet. Ein einziger Prankenhieb des Grizzly hob den ausgewachsenen Gegner in die Luft und schleuderte ihn gegen einen vier Meter entfernten Baum. Das war das schnelle Ende des Schwarzbären. So eine Kraftdemonstration läßt an den zahllosen Wildwestgeschichten Zweifel aufkommen, in denen ein furchtloser Held, nur mit einem blanken Messer bewaffnet, einem Grizzly auf den Pelz rückt. Auf den ersten Blick machen Bären einen plumpen und langsamen Eindruck. Aber das täuscht. Sie sind geschickt und gewandt und auf Grund ihrer enormen Kräfte sehr ausdauernde und schnelle Läufer. Sie sind sogar so schnell, daß sie ein Rennpferd einholen könnten. Es hat also absolut keinen Sinn, jemals vor einem Bären davonzulaufen. Das würde ihn nur zum Angriff reizen. Da Bären längere Hinterbeine als Vorderbeine haben, fällt ihnen das Laufen bergauf am leichtesten. In der Ebene ist es schon mühsamer, und gar bergab geht es sehr langsam, weil sich sonst Meister Petz leicht überschlagen könnte.

Schwarzbären sind außerdem auch noch ausgezeichnete Kletterer. Mit ein paar Sätzen erklimmen sie den höchsten Baum. Grizzlies und alte Schwarzbären tun das nicht. Ihr Gewicht ist einfach zu groß für solche Kletterpartien.
Immerhin erreicht ein ausgewachsener Schwarzbär bis zu 300 Kilogramm, ein Grizzly sogar bis zu 450 Kilogramm. Sollte also einmal eine rasante Kraxeltour auf den nächsten Baum notwendig sein und der Bär folgt vergnügt mit großen Sätzen, dann hat man jedenfalls Gewißheit – es handelt sich um einen vitalen Schwarzbären.
Aber Bären klettern nicht nur gut in Bäumen, sie sind auch hoch oben in den steilen Felsen trittsicher und ebenso gute und zähe Schwimmer.
Auf größere Distanz ist es gar nicht so einfach, einen Schwarzbären von einem Grizzly zu unterscheiden. Denn ein kleiner Grizzly und ein ausgewachsener Schwarzbär sehen sich sehr ähnlich. Ein Schwarzbär muß nämlich nicht unbedingt schwarz sein. Bei beiden Bärenarten geht die Farbpalette des Pelzes von hellbraun über zimtfarben und rostbraun bis tiefschwarz. Am besten kann man Grizzly und Baribal, wie der Schwarzbär auch genannt wird, an ihrer charakteristischen Haltung beim Laufen unterscheiden. Der Grizzly trägt den Kopf tief gesenkt, die Schultern seiner Vorderbeine sind hoch gewölbt – das sind die kräftigen Muskeln –, der Rücken und die Hinterpartie sind wieder abfallend. Beim Schwarzbären zeichnen Kopf und Rücken während der Bewegung eine gerade Linie.
Zählungen im Jasper-Nationalpark in den vergangenen fünf Jahren ergaben eine etwa gleichbleibende Anzahl von Bären. Beim Zusammenrechnen kam man jeweils auf ungefähr 110 Grizzlies und 220 Schwarzbären. Und obwohl immer mehr Wanderer weit ins Hinterland gehen, oft über mehrere Tage hinweg, geschehen nur sehr selten Zwischenfälle, die auf das Konto der Bären gehen. Kommt es zu einem Angriff, ist die häufigste Ursache falsches Verhalten der Menschen.
Auf alten kanadischen Postkarten kann man heute noch das früher typische Urlaubsbild sehen: Ein Schwarzbär steht in „Männchen"-Positur vor dem Auto, und aus dem Fenster wird er mit Keksen oder ähnlichen Dingen gefüttert. Da es auf Grund der Gewöhnung der Bären an den Menschen damals immer häufiger zu Unfällen, ja sogar zu Todesfällen kam, mußte die Parkverwaltung einschreiten und derartiges streng verbieten. Und zu Recht. Es dauerte fast zwei Bärengenerationen, bis sich die Bären wieder natürlich verhielten, d. h. bis sie sich wieder ihr Futter selbst suchten und nicht bettelnd am Straßenrand standen oder in Abfalltonnen wühlten. Das ist auch der Grund, warum man sie heute nur noch sehr selten nahe der Straße sieht, zum Bedauern vieler Touristen.
Zu freche Gesellen wurden mittels Betäubungsspritzen außer Gefecht gesetzt und in weit abgelegene Gebiete gebracht. Doch oft bedeutete das für sie den Hungertod, denn das neue Gebiet war ihnen ja unbekannt und sie fanden nicht ausreichend Nahrung. Auch heute noch werden Bären, die sich zu nahe an touristische Einrichtungen wagen, eingefangen, am Ohr markiert und erst weit entfernt wieder freigelassen. Hat ein Braunpelz bereits drei Markierungen im Ohr und wird noch einmal erwischt, ist das sein Todesurteil. Er wird erschossen. Und das will sicher niemand erreichen, der hierher kommt und Bären durch Fütterung anlockt.

Mount Robson, der König der kanadischen Rocky Mountains (Mount Robson Provincial Park)

Die temperamentvollen Knowlton Falls des Robson River (Mount Robson Provincial Park)

Links: Der reizvolle Wanderweg zum Kinney Lake (Mount Robson Provincial Park)

Blick vom Valley of a thousand Falls – dem Tal der tausend Wasserfälle – auf den eindrucksvollen Mount Whitehorn

Links: Zu Füßen des Mount Robson: der bildschöne Kinney Lake (Mount Robson Provincial Park)

Fransenenzian

Indianerpinsel

Klebrige Geranie

Links: An der Grenze des Mount Robson Provincial Park und des Jasper-Nationalparks erhebt sich der Gebirgszug der Yellowhead Mountains.

24 *Der Yellowhead Lake, an der Basis der Yellowhead Mountains, ist ein beliebtes Ziel für Kanufahrer (Mount Robson Provincial Park).*

Blick vom Mount Whistler auf Jasper City. Der kleine Touristenort liegt im weiten Tal des Athabasca River (Jasper-Nationalpark).

Die schroffen Kalksteinformationen der Bosche Range und Roche Ronde, nahe des Park-Osteingangs, spiegeln sich malerisch in den seichten Wassern des Talbot Lake.

Links: Der Athabasca River schlängelt sich durch ein weiträumiges Gerölltal, das vor langer Zeit durch Gletschereinwirkung entstanden ist.

Oben: Schwarzkopf- oder Diademhäher. Rechts oben: Elche halten sich sehr gerne in Sumpfgebieten und Flußniederungen auf, denn hier finden sie ihre bevorzugte Nahrung: Wasserpflanzen und junge Weidentriebe. Mitte rechts: Salz, lebensnotwendig für Bergziegen und Bighornschafe, lockt diese Steilwandkletterer aus den Hochregionen zu einer Lecke an der Miette Range (Jasper-Nationalpark). Rechts unten: Schneehuhn (Ptarmigan) im perfekt getarnten Sommerkleid.

Links: Fortsetzung der Bosche Range in südlicher Richtung ist die Miette Range. Der Wald wirkt hier wie ein grüner Ziergürtel der stark zerfurchten Berge (Jasper-Nationalpark).

Selbst in extremsten Gebieten – ob senkrechte Bergflanken oder rutschende Geröllhalden – erobert sich die Vegetation einen Lebensraum. Hier die Jacques Range im Jasper-Nationalpark.

Unten links: Sandnelke – die überaus zarten rosafarbenen Nelkengewächse findet man nicht sehr häufig. Doch wo sie auftreten, zaubern sie einen besonders hübschen und leuchtenden Blütenteppich in Waldlichtungen. Unten Mitte: Zarter gelber Mohn blüht am Lake Maligne. Unten rechts: Bergazalee – eine seltene und betörend duftende Schönheit in den hohen Regionen der Rocky Mountains.

Der wilde Maligne Canyon (Jasper-Nationalpark)

TRAPPER UND TOURISTEN

Sehr lange bevor je ein Weißer seinen Fuß in die Rocky Mountains setzte, war dieses Gebiet den Indianern gut bekannt. Sie waren vom asiatischen Kontinent über die Beringstraße gekommen und in der Hoffnung, bessere Lebensbedingungen zu finden, immer weiter südwärts gezogen. Einige Stämme jedoch blieben in der Gegend der „leuchtenden Berge", wie die Indianer die Rocky Mountains nannten.

Denn hier gab es viel Wild; hier konnten sie jagen und ihre Familien ausreichend mit Fleisch versorgen. In der harten Winterzeit, wenn die Tiere südwärts in wärmere Gebiete zogen, folgten ihnen die Indianer und kamen so durch weite Teile der Rockies. Sie kannten Täler und Pässe, Flußläufe und Seen. Das sollte später für die weißen Jäger und Pelzhändler von großem Vorteil sein, denn die Indianer waren ausgezeichnete Führer durch die Berge. Und immer mehr Trapper kamen hierher, da die Felle von Bibern, Ottern und Pumas, von Füchsen, Wölfen und Koyoten gutes Geld einbrachten. Die Pelzmode der mondänen Damen des Ostens wechselte jede Saison, und die Nachfrage nach prachtvollen Häuten stieg von Jahr zu Jahr. Wie einträglich dieses Geschäft war, zeigt sich dadurch, daß bereits 1670 die berühmte Hudson's Bay Company gegründet wurde. Sie war spezialisiert auf Fellhandel, und viele Fallensteller standen in ihren Diensten. Ihre schärfste Konkurrenz war die North-West Company, die ebenfalls groß in das Pelzgeschäft eingestiegen war. Für beide Gesellschaften gab es ein gemeinsames, bisher ungelöstes Problem – einen Handelsweg über die Berge zur Westküste hin zu finden. Das war in der damaligen Zeit ein sehr gefährliches und strapaziöses Unterfangen. Man suchte nach einem gut zugänglichen Paß und nach einem ihm nahegelegenen Fluß, der in westlicher Richtung von den Rocky Mountains aus dem Pazifischen Ozean zustrebte. Auf diese Weise hätte man Waren und Felle von und zur Küste in leichten Birkenrindenkanus einfacher transportieren können. Aber damals gab es weder Landkarten noch Aufzeichnungen; dieses riesige Berggebiet mußte erst erforscht werden. Die ersten, die sich auf den Weg machten, um nach einer einfachen Handelsroute zu suchen, waren Beauftragte der beiden großen Pelzhandelskompanien. Sie waren gewiß sehr verwegene Männer, denn es erfordert eine Menge Mut und auch eine Portion Abenteuerlust, solch ein Unternehmen zu starten. Unvermutet heftige Schneefälle und unüberwindliche Schluchten, eiskalte Seen und reißende Flüsse, hungrige Bären und unendliche Wälder machten das Fortkommen sehr mühsam und verlangten Härte und Durchhaltevermögen.

David Thompson, ein unerschrockener und erfahrener Mann der Berge, erkundete im Auftag der North-West Company die Rocky Mountains. 1806 führten ihn friedliche Kootenay-Indianer in die zentrale Bergregion bis hinauf zur großen Wasserscheide, aber

Links: Medicine Lake – Zaubersee – nannten die Indianer diesen wunderschönen, langgestreckten See (Jasper-Nationalpark).

Thompson fand keinen geeigneten Paß. Ein Jahr später war er wieder hier unterwegs, und dieses Mal hatte er Glück bei seiner Suche. Er entdeckte als erster eine akzeptable Passage: den Howse-Paß. Sicher wäre diese Route für den Pelzhandel brauchbar gewesen, wenn nicht 1810 eine Expedition Thompsons von feindlich gesinnten Piegan-Indianern daran gehindert worden wäre, die Strecke zu passieren. Also machte sich Thompson wieder auf, um einen gefahrloseren Weg zu suchen. Unter der Führung eines Irokesen-Indianers wandte er sich nordwärts und erreichte schließlich den Whirlpool River. Sie folgten dem Fluß aufwärts und gelangten an den heutigen Athabasca-Paß, den Thompson für seine Zwecke für sehr geeignet hielt. Das nächste halbe Jahrhundert sollte dies die wichtigste Route über die kanadischen Rocky Mountains sein.

Nachdem nun endlich ein Übergang gefunden war, mußte eine kleine Versorgungsstation am Fuß der Berge angelegt werden. Dort konnte man sich vor dem Aufbruch durch die Rockies noch mit Proviant eindecken und nach der Rückkehr einige Tage erholen. 1810 wurde von der North-West Company für diese Zwecke eine einfache Blockhütte am Brule Lake, in der Nähe des heutigen Jasper-Nationalpark-Osteingangs, errichtet. Diese kleine Station wurde von Jasper Hawes und seiner Familie verwaltet und nach dem Hausherrn „Jasperhaus" genannt. Hierher kamen Schwarzfuß-, Cree- und Stoney-Indianer, um ihre Felle gegen Waren einzutauschen. 1821 verlegte man die Hütte an den Nordrand des Jasper Lake. Colin Fraser und seine Familie übernahmen nach Jasper Hawes die Versorgungsstation. Laut alten Aufzeichnungen waren die Landerkunder nicht gerade begeistert von dieser primitiven und schlechten Unterkunft. So heißt es in einer Tagebucheintragung: „Das Wohnhaus besteht nur aus zwei Räumen von jeweils etwa 25 Quadratmetern. Eines dieser Zimmer wird von allen Ankommenden und Weiterziehenden benutzt, von Indianern, Händlern und Reisenden, von Männern, Frauen und Kindern. Sie alle sitzen hier zusammen, die verschiedensten Menschentypen unter einem Dach. Der zweite Raum war ausschließlich für Colin Fraser und seine Familie vorbehalten."

Es dauerte nicht lange, da wurden die Landerkunder und Pelzhändler von einigen Leuten begleitet, die nicht geschäftlich, sondern wissenschaftlich unterwegs waren. Es handelte sich um Botaniker und Geologen. 1825 verbrachte der britische Naturforscher Thomas Drummond das ganze Jahr nur damit, in der Nähe des Jasper-Hauses Pflanzen zu sammeln und sie zu bestimmen. Eine Arbeit, die viel Mühe und Geduld erforderte. Zwei Jahre später kam der schottische Botaniker David Douglas in diese Gegend und erklomm unerschrocken den Athabasca-Paß. Aber damit gab er sich nicht zufrieden. Noch voller Energie bestieg und benannte er auch den Mount Brown. Doch dann passierte ihm leider ein etwas blamabler Ausrutscher – eine Episode, bei der man sich ein kleines Schmunzeln nicht verkneifen kann. Entgegen der bekannten schottischen Sparsamkeit schätzte Douglas den Mount Brown und den nahegelegenen Mount Hooker großzügig auf ca. 5500 Meter, und das waren rund 2000 Meter zuviel. Man muß zugeben, daß mancher Berg, der mühsam bestiegen wurde, oft doppelt so hoch erscheint, als er in Wirklichkeit ist. Aber einem Wissenschaftler sollte so etwas eben nicht passieren. Als immer mehr Geologen und Bergsteiger aus Kanada, den USA und aus Europa in die Rockies kamen, Bergspitze um Bergspitze erklommen und vermaßen, suchten sie vergeblich nach den beiden Berggiganten. Erst über 60 Jahre später wurden sie von der Expedition des Professors Coleman entdeckt und enttäuscht, aber viel treffender auf 3200 Meter geschätzt. Hier die exakten Höhenangaben der beiden Riesen: Mount Brown 2791 Meter, Mount Hooker 3286 Meter.

Von den beiden Kolonialmächten, Großbritannien und Frankreich, die von 1754 bis 1763 einen erbitterten Krieg um die reichen Gebiete Kanadas geführt hatten, errang schließlich Großbritannien den Sieg. Im Jahre 1857 wurde British Columbia Kronkolonie. Sir George Simpson zeigte, daß er ein sehr würdiger, aber auch ein sehr schlauer Vertreter seines Amtes als Chef der Hudson's Bay Company war. Er erreichte eine Verfügung der britischen Regierung, die es ausschließlich seiner Gesellschaft garantierte, das riesengroße Gebiet von der Hudson Bay bis zum Tal des Saskatchewan River unter ihre Kontrolle zu bringen. Schließlich erwog man auch den Bau einer Eisenbahnlinie und einer Straßenverbindung quer durch die Rocky Mountains. 1858 sollte eine Expedition unter der Führung von Captain John Palliser feststellen, ob dies möglich sei. Den Landerforschern waren auch vier Wissenschaftler angeschlossen. Einer von ihnen war James Hector, ein junger schottischer Geologe und Arzt. Da diese Expedition ein weites Gebiet zu erforschen hatte, teilte sie sich. Eine Gruppe, unter Leitung von Captain Palliser, wandte sich zum Kananaskis-Paß, die andere, mit James Hector und Peter Erasmus als Führer, ging nordwärts, den Bow River entlang. In ihren Tagebuchaufzeichnungen berichten sie begeistert von einer „wundervollen kleinen Prärie", in der sie ein kurzes Lager errichteten. An dieser Stelle wurde später der kleine Ort Banff erbaut. Immer weiter zogen sie nordwärts. James Hector bestieg und benannte den Castle Mountain. Er kam zum heutigen Vermilion-Paß und fand, daß dies die Stelle sei, an der später einmal eine Straße über die Rocky Mountains führen könnte. Und er hatte sich nicht getäuscht. Doch bis zur Fertigstellung dieser Straße sollten noch mehr als 80 Jahre vergehen.

Schließlich erreichte Hectors Gruppe das Tal des North Saskatchewan River. Der Winter unterbrach ihre Tätigkeit, aber bereits im nächsten Frühjahr setzte sie die Arbeit unverdrossen fort. 1859 konnte James Hector seine Aufzeichnungen abschließen. Er war sich sicher, daß die Rocky Mountains mittels Straßen und Eisenbahnen überquert werden könnten.

1867 entstand durch den Zusammenschluß verschiedener Provinzen der kanadische Staat. Und der junge Staat kaufte 1870 der Hudson's Bay Company sämtliche Landrechte ab. Ein Jahr später trat die Provinz British Columbia der Konföderation bei, 1905 die Provinz Alberta. Sir John A. Macdonald, Kanadas erster Premierminister, versprach der neu angeschlossenen Provinz British Columbia eine Eisenbahnlinie, die eine Verbindung zum Westen des Landes, der durch die Rocky Mountains vom östlichen Kanada getrennt war, herstellen sollte. Nach langem Für und Wider entschied man sich für den „Kicking Horse Pass". William Cornelius van Horne, der das gesamte Projekt leitete, und seine Crew vollbrachten wahre Wunder. Sie zogen die Gleise über Klippen und Schluchten, über Flüsse und Abgründe. Aber was nützen Einsatz und Anstrengungen, wenn das notwendige Geld ausgeht. Eine große Wirtschaftskrise schüttelte das ganze Land und machte auch vor den fleißigen Eisenbahnarbeitern nicht halt. Nachdem sie über ein Jahr keinen Lohn erhalten hatten, traten die Männer in Streik. George Stephens, der Präsident der Canadian Pacific Railways (CPR), war sogar bereit, sein eigenes Vermögen anzugreifen, um die Beendigung der Arbeiten zu sichern. Aber schließlich erhielt Sir Macdonald doch noch ein ausreichendes Darlehen. Am 7. November 1885 wurde das letzte Teilstück fertiggestellt. Die Eisenbahn verband nun den westlichen Teil Kanadas mit dem Osten.

Schon seit etwa 1860 waren vereinzelt immer wieder sehr vermögende und unabhängige Männer in die Rocky Mountains gekommen. Sie waren auf Abenteuer und Jagdtrophäen aus. Unter der Führung von erfahrenen Westmännern, wie Bill Peyto und Tim Wilson, die das ganze Jahr über in den Rocky Mountains lebten, unternahmen sie Jagdausflüge, und jedesmal mußte eine große Anzahl von Tieren ihr Leben lassen.

Aber nach der Fertigstellung der Eisenbahn änderte sich in den einsamen Bergen so manches. Die Rocky Mountains wurden jetzt als neues Urlaubsziel angepriesen – bequem zu erreichen und erschwinglich für jedermann. In einer kleinen Höhle am Fuße des Sulphur Mountain (Banff-Nationalpark) hatte man eine heiße Quelle entdeckt, und viele versprachen sich von einem Badeaufenthalt dort heilsame Wirkung. In kurzer Zeit war die Quelle sehr berühmt, und man schuf eine Schutzregion von etwa 16 Quadratkilometern rund um die Höhle. 1887 wurde diese Schutzzone erweitert und umfaßte nun auch die Stadt Banff und den See Minnewanka. Dieses Gebiet erhielt den Namen „Rocky Mountains National Park". Und damit war der Anfang für die kanadische Nationalparkkette gemacht. Später wurde der Name in Banff-Nationalpark geändert und die Fläche auf 6641 Quadratkilometer erweitert. Je mehr Touristen kamen, um so öfter hörte man den Wunsch, einen der umliegenden Berge unter sicherer Führung zu besteigen. Die CPR engagierte deshalb Schweizer Alpinisten, die die Touristen bis hinauf in die hohen Regionen um den Lake Louise führten. 1906 wurde der „Alpine Club of Canada" gegründet. Zwei Mitglieder dieses Klubs waren die unerschrockenen Quäker-Damen Mary Schäffer, die junge Witwe eines berühmten Botanikers aus Philadelphia, und Mary Adams. Sie suchten das Abenteuer und nötigten auch andere mitzumachen. Die beiden verwegenen Ladies zwangen kurzerhand Billy Warren, einen erfahrenen Mann der Wildnis, die Führung ihrer kleinen Expedition zu übernehmen. Sie drohten ihm, auch allein ohne ihn zu gehen, falls er nicht mitkommen würde. Bill kam mit, und er tat noch mehr. Er unterrichtete die Damen in allen notwendigen Dingen, die man in der Wildnis kennen und können muß. Mary Schäffer hatte von einem Stoney-Indianer einen ungenauen Plan eines geheimnisvollen Sees erhalten, den sie unbedingt entdecken wollte. 1908 machte sie sich mit sechs Begleitern, 22 Pferden und einem Hund auf den Weg, diesen mysteriösen See zu suchen. Was sie fanden, ist das Juwel des heutigen Jasper-Nationalparks – der unvergleichlich schöne Lake Maligne.

Auf einem fragwürdigen Floß erkundeten sie seine südliche Hälfte, mußten dann jedoch umkehren. Aber schon 1911 war die resolute Dame mit einer weiteren Expedition wieder zurück, um die ganze Gegend zu erforschen. Der Jasper-Nationalpark, benannt nach Jasper Hawes, wurde 1907 gegründet. Auch durch diesen Park wurde eine neue Eisenbahnlinie geplant; sie sollte über den Yellowhead-Paß führen. Vier Jahre später waren die Gleise bereits verlegt. Eine kleine neue Stadt namens „Fitzhugh" wurde nördlich der Flußgabelung des Athabasca River und des Miette River errichtet. 1913 wurde das Städtchen jedoch, ebenfalls zu Ehren von Jasper Hawes, umbenannt in „Jasper".

Die ersten touristischen Einrichtungen waren hier alles andere als luxuriös. Es handelte sich nur um einfache Zelte, die am Ufer des Lake Beauvert aufgestellt waren. Später wurden dort anstelle der Zelte kleine Hütten errichtet, und heute thront dort die Jasper Park Lodge, die um 1920 erbaut wurde. Anfangs waren im Nationalpark als Fortbewegungsmittel nur Pferde erlaubt, ab 1915 wurden auch Autos zugelassen. Fünfzehn Jahre später erweiterte man den Jasper-Nationalpark auf seine heutige Fläche von 10.878 Quadratkilometern.

Während der gleichen Zeit begann man mit dem Bau des Icefields Parkway, eine der landschaftlich grandiosesten Straßen der Welt. Auch dieses Projekt wurde von einer Wirtschaftskrise unterbrochen und erst nach neunjähriger Bauzeit, am 1. Juli 1940, eröffnet. In den folgenden Jahren war dieser Highway nur sehr wenig befahren. Die Wirtschaftslage war schlecht und das Auto noch kein Massenverkehrsmittel wie heute. Aber das änderte sich bald. Immer mehr Besucher kamen, um die eindrucksvolle Berglandschaft zu genießen. Momentan zählt allein der Banff-Nationalpark jährlich über acht Millionen Gäste. Und die Tendenz ist weiterhin steigend.

Die Straße, die heute durch den Kootenay-Nationalpark führt, verdankt ihre Entstehung vor allem einem Mann: R. Randolph Bruce of Windermere. Wie schon erwähnt, hatte James Hector 1858 den Vermilion-Paß entdeckt und ihn als mögliche Route für eine spätere Straße notiert. Aber erst 1911 begann man mit ersten Konstruktionen. Die Regierung von British Columbia und die CPR starteten mit den Arbeiten im Westen, die Dominionregierung im Osten. Doch schon drei Jahre später unterbrach der Erste Weltkrieg den Bau. Nach dem Krieg, als das Geld sehr knapp war und die Gefahr bestand, daß das Projekt vollständig gestrichen werden könnte, schlug Windermere, ein reicher Minenbesitzer und späterer Lieutenant Governor von British Columbia, vor, ein breites Stück Land zu beiden Seiten der Straße an die Dominions als Nationalpark zu übergeben, wenn dafür die Straße fertiggestellt würde. Die beiden Regierungen kamen 1919 überein, daß rechts und links des Highway jeweils ein acht Kilometer breiter Streifen unter Schutz gestellt werden sollte. 1923 wurde der Bau des Banff-Windermere-Parkway endlich beendet.

Die unaufhaltsame Technik, aber auch der neu aufgekommene Gedanke des Naturschutzes brachten viele Veränderungen im Gebiet der Rocky Mountains mit sich.

Seit die erste Dampflok kühn ihre Wölkchen zwischen den Berghängen hinauspuffte und die ersten Touristen brachte, seit großzügige Straßen durch die Wildnis geplant wurden und seit das Jasper-Haus von Eisenbahnarbeitern eingerissen und von ihnen aus den alten, wettergebleichten Holzplanken ein Floß gezimmert worden war, seit dieser Zeit waren die Tage der Trapper gezählt.

Wer sich heute ein Bild von dem früheren abenteuerlichen Leben und seinen Entbehrungen machen will, dem wird dies am besten gelingen, wenn er seinen Rucksack und sein Zelt auf den Rücken nimmt und für einige Tage durch das Hinterland wandert oder alten bekannten Trapperpfaden folgt.

STRASSEN UND VERKEHRSMITTEL

Um die Nationalparks zu bereisen, stehen dem Besucher mehrere Möglichkeiten zur Verfügung. Für Einzelreisende sind organisierte Bus- oder Bahnreisen zu empfehlen. Sie werden unter der Leitung geschulter Reisebegleiter optimal betreut. In den luxuriösen Wägen der kanadischen Eisenbahn, mit Speise-, Schlaf- und Aussichtswagen, reist man sehr bequem bis Jasper City oder Banff City. In Überlandbussen mit Küche und sanitären Einrichtungen fährt es sich ebenso behaglich. Manche Unternehmen bringen die Besucher nicht nur in die Nationalparks, sondern auch zu den sehenswertesten Punkten wie Lake Maligne oder Lake Louise.

Wer individueller reisen möchte, der kann sich in Vancouver, Edmonton oder Calgary ein Auto mieten. Landkarten und Übernachtungsbroschüren für Hotels oder Campingplätze sind an jeder Tankstelle oder in jedem Touristen-Informationszentrum zu erhalten. Das Autofahren hierzulande bringt keine Schwierigkeiten mit sich. Die breiten Straßen sind außerhalb der Städte nur wenig befahren, und die Disziplin, Höflichkeit und Hilfsbereitschaft der kanadischen Fahrer ist vorbildlich. Der ungebundenste Reisestil, wenn auch nicht gerade der billigste, ist wohl der in einem Camp- oder Wohnmobil. Man fährt völlig unabhängig von Hotels und den Zeitplänen einer Reisegruppe. Stets hat man seine kleine Wohnung mit Herd und Kühlschrank, Toilette und heißer Dusche, Heizung und Klimaanlage bei sich. Komfortabler geht es nicht.

Es ist praktisch unmöglich, sich auf den wenigen Highways durch die Nationalparks zu verfahren. Die einfachen Orientierungskarten, die man an jedem Parkeingang obligatorisch erhält, sind ausreichend informativ. Sollten trotzdem Fragen oder gar Probleme auftauchen, dann kann man sich an den nächsten Ranger wenden. Dort ist man auf alle Fälle in den besten Händen.

REISEZEIT UND KLIMA

Die ideale Reisezeit für einen Besuch der kanadischen Nationalparks sind die Monate Juli und August. Der Hochsommer verwöhnt die Touristen meist mit strahlend blauem Himmel. Trotz einer mittleren Tagestemperatur von + 23° C sollte das niemanden verführen, nur Sommerkleidung mit auf die Reise zu nehmen. Selbst in den heißesten Monaten sind kurze Schneefälle bis ins Tal nichts besonderes. Warme Kleidung ist daher zu jeder Jahreszeit angebracht. Gerade in den Sommermonaten sind die Temperaturunterschiede sehr kraß. Tagsüber malt die Sonne, ungehindert durch die klare Bergluft, feuerrote Flecken auf bleiche Bürogesichter, während die Abendtemperatur mit ca. + 3° C ein klapperndes Stakkato der

Zähne auslöst. Bergseen und -flüsse sind mit etwa +4 bis +8°C auch im Sommer völlig ungeeignet zum Schwimmen. Bereits ein Aufenthalt von nur wenigen Minuten in diesen eisigen Fluten kann tödliche Folgen haben. Zum Baden eignen sich jedoch die Thermalquellen in den Nationalparks vorzüglich.
Reisezeit in die Rocky Mountains ist eigentlich das ganze Jahr über. Die Parkeingänge und die wichtigsten Einrichtungen wie Tankstellen und Reparaturwerkstätten, Supermärkte, Banken und Postämter stehen den Touristen immer zur Verfügung.
Der Sommer ist natürlich die Hauptreisezeit, für die Kanadier ebenso wie für Besucher aus den Nachbargebieten der USA und aus dem weit entfernten Europa. Und da die Ferien in Nordamerika etwa zur selben Zeit wie bei uns stattfinden, ist eine frühzeitige Reservierung von Hotels, Mietautos usw. unbedingt notwendig. Das Ferienende in Kanada (und den USA) ist meist der Labour Day, der erste Montag im September; es kann sich aber, je nach Provinz, um eine oder zwei Wochen verschieben.
Bereits Anfang September muß man in den Rocky Mountains mit Nachtfrost rechnen. Ein Urlaub nach der Hauptreisezeit ist jedoch, trotz niedrigerer Temperaturen, sehr zu empfehlen. Zwar sind einige (entbehrliche) Service-Einrichtungen schon geschlossen; aber man darf andere große Vorteile nicht übersehen: der große Touristenboom ist vorbei, und es gibt keine Zimmer- oder Campingplatzprobleme. Und noch eines – die Tage sind sehr klar, und der Herbst verwandelt die kanadische Landschaft in eine prachtvolle Farbenpalette. Die Blätter der Bäume färben sich und variieren von zartem Grün über gleißendes Gold bis hin zu flammendem Rot. Das ist die beste Reisezeit für Fotofreunde.
Für die Freunde des Wintersports beginnt die Saison im November. Sie dauert bis etwa Ende März. Skitouren durch eine traumhaft schöne Winterlandschaft locken viele Sportler und Romantiker. Gelegenheiten zu Skiabfahrten und Skilanglauf sind überall gegeben; die Ausrüstungen kann man sich an Ort und Stelle ausleihen.
Da der Winter in den kanadischen Rockies sehr trocken ist, empfindet man Temperaturen von −10°C oder −20°C nicht als unangenehm. Die Luft ist transparent klar und der nächtliche Sternenhimmel von unglaublicher Schönheit. Wer für tief verschneite Märchenwälder und weiß überzuckerte Berge schwärmt, wer Ruhe und zu sich selbst finden will, dessen Erwartungen werden in der Winterzeit erfüllt.
Neues Leben im neuen Jahr zeigt sich Anfang Mai. Dann kämpft der Frühling erfolgreich gegen den langen Winter und setzt erste fröhliche Farbtupfer zwischen das dominierende Weiß. Auch diese Monate, mit dem intensiven Licht und der zahlreichen, reizenden Nachkommenschaft der verschiedenen Tierfamilien, sind einen Besuch wert.
Jeder sollte sich seine Reisezeit nach den eigenen Wünschen auswählen. Enttäuscht wird bestimmt niemand.

JASPER-NATIONALPARK, NORDÖSTLICHER TEIL

POCAHONTAS – MIETTE HOT SPRINGS – JASPER LAKE – LAKE MALIGNE – MEDICINE LAKE – MALIGNE CANYON

Ein wunderbarer Blick bietet sich, wenn man von Osten kommend auf die Rocky Mountains zufährt. Stets hat man die langgestreckte, majestätische Bergkette vor sich. Rechts und links säumen Wiesen und Wälder idyllisch die Straße. Man überquert sanfte, weite Hügel, die noch aus der Eiszeit stammen und merkt mit einem Male, daß es doch ziemlich lange dauert, bis man endlich die Berge erreicht. Durch die klare Luft und das intensive Licht schätzt man die großen Entfernungen viel zu gering ein. Steht man dann endlich vor dem Osteingang des Jasper-Nationalparks, ist es doch sehr überraschend, wie plötzlich sich die Landschaft verändert. Der Blick zurück auf das Gebiet, das man soeben durchfahren hat, zeigt bis an den Horizont nur sanfte, bewaldete Vorberge; dreht man sich um und schaut in Richtung Jasper-Nationalpark, sieht man gewaltige graue Bergriesen zu beiden Seiten der Straße.

Nur eine kurze Strecke vom Osteingang entfernt, biegt links vom Yellowhead Highway eine kleine Straße ab. Nahe der Gabelung sieht man heute noch Zeugen aus historischen Tagen – die Pocahontas. Hier entdeckten 1908 die Herren Frank Villeneuve und Alfred Lamore am Fuße der Roche Miette Kohlevorkommen. Eine Mine wurde angelegt und eine Eisenbahnstation an der Südseite des Athabasca River errichtet.

1912 arbeiteten hier 120 Männer und förderten ca. 100.000 Tonnen Kohle. Die meisten von ihnen waren Gastarbeiter. Das gab es auch damals schon. Sie kamen aus England und Frankreich, aus Italien und Österreich. Aber alles in allem war dem Bergwerk sehr wenig Glück beschieden. Es war außerdem schlecht verwaltet. Die hart arbeitenden Bergmänner beklagten sich über die unzureichenden Unterkünfte und mangelnden Sicherheitsmaßnahmen. Dreimal kurz hintereinander ereigneten sich tragische Vorfälle. Die Regierung beschloß deshalb drastische Maßnahmen gegen das schlecht geführte Unternehmen. Aber selbst ein Austausch des Direktors konnte nicht alle Mißstände beheben. Es mangelte besonders an qualifiziertem Personal. Im April 1921 wurde das Kohlenbergwerk schließlich geschlossen.

Wenn man nun die kleine Straße einbiegt, die vom Yellowhead Highway abzweigt, kommt man nach kurzer Fahrt zum wild brausenden Punchbowl-Wasserfall, der sich tief in einen gewaltigen Felsen hineingefressen hat. Am Ende der Sackstraße liegen die Miette Hot Springs; das sind heiße Schwefelquellen, die hier, im engen Tal des Sulphur Creek, zutage treten. Man findet in den Rocky Mountains weit verstreut eine ganze Kette heißer Quellen. Viele sprudeln nach wie vor ihr mineralhaltiges Wasser aus den Felsspalten hervor, manche andere sind jedoch wieder versiegt.

Die heilsame Wirkung heißer Mineralquellen ist den Menschen schon seit Jahrtausenden bekannt. Sie sammelten das Wasser in großen Becken, um durch Badekuren Linderung ihrer Leiden zu erzielen. Auch in Miette Hot Springs

Rechts: Im Medicine Lake scheint Wasser auf geheimnisvolle Weise zu verschwinden (Jasper-Nationalpark).

42 *Der Maligne-Gletscher, einst groß und mächtig, schuf steile Kare und schliff senkrechte Felswände. Die Erosion tat ein übriges (Jasper-Nationalpark).*

Ein Wasserfall aus Eis und Schnee – der Maligne-Gletscher. Die zerstörerischen Kräfte des Gletschers formten ein schroff abgegrenztes Felsenbett.

Spirit Island im Lake Maligne ist wohl die berühmteste Insel Nordamerikas.

Ein unvergeßliches Panorama am Lake Maligne (von links): Mount Paul, Monkhead, Mount Warren, Mount Henry MacLeod, Coronet Mountain, Mount Mary Vaux, Llysfran Peak (Jasper-Nationalpark)

Zu den schönsten Tagesausflügen von Jasper aus gehört ein Besuch des Lake Edith.

Nur wenige Kilometer von Jasper entfernt liegt der glasklare Lake Patrizia.

48 „Valley of Five Lakes" – südlich von Jasper-Stadt liegt das Tal der fünf Seen. Ein beschaulicher Wanderweg führt an fünf kleinen, leuchtend türkisfarbenen Seen vorbei.

wurde ein „Pool“ gebaut, und er ist immer gut besucht.
Im Tal des Sulphur Creek, der seinen Namen auf Grund seines Schwefelgehaltes hat, erscheinen mehrere kleine Quellen und drei Hauptquellen. Zusammen stoßen sie täglich etwa 560.000 Liter Wasser aus.
Alle diese Quellen haben unterschiedliche Temperaturen. Die heißeste Quelle der Miette Hot Springs ist mit etwa +50°C zugleich die heißeste in den kanadischen Rockies.
Setzt man seine Fahrt westwärts am Yellowhead Highway fort, dann kommt man bald an eine Salzlecke, die am Fuße der Miette Range gelegen ist. Ein kurzer Halt lohnt sich hier immer, denn an diese Lecke kommen in großen Herden Dickhornschafe und Schneeziegen, die man sonst nur hoch oben in den alpinen Zonen findet. Die Miette Range, aus deren steilen Felsgebieten sie herunterklettern, ist eine phantastische Bergkette. Ihr Gestein ist während der Bergbildung ungewöhnlich stark zickzack aufgefaltet worden. Die Vegetation kann offensichtlich nur an manchen Gesteinsschichten Fuß fassen. Die dunkelgrünen Bänder der Bäume und Büsche, die sich an den hellen Felswänden entlangziehen, betonen noch die ziehharmonikaähnliche Auffaltung. Rechts der Straße setzt sich die Miette Range in der Bosche Range fort. Hier zeigen Auffaltung und Vegetation ähnliche Zickzackmuster.
Je näher man Jasper City kommt, um so weiter wird das Tal des Athabasca River.
Und plötzlich entdeckt man neben der Straße Sanddünen. Das letzte, was man in den Rocky Mountains erwartet hätte, sind Sanddünen. Sie stammen von keinem Meer, sondern sind Rückstände eines ehemaligen riesigen Sees, der einst das ganze Athabasca-Tal ausfüllte. Er entstand am Ende der letzten Eiszeit, vor ca. 10.000 Jahren, als die Gletscher, die dieses Tal mit einer dicken Eisdecke überzogen hatten, langsam zurückschmolzen. Am östlichen Ende des Sees hatten die Gletscherzungen einen ungeheuren Moränenwall zurückgelassen, der das Schmelzwasser wie ein Damm aufstaute. Fast 100 Kilometer reichte der See westwärts, und sein Wasserspiegel lag 107 Meter über dem heutigen Flußlauf des Athabasca River. Aber eines Tages fand das Wasser einen Weg durch den Damm. Der See entleerte sich allmählich, und mit abnehmendem Wasserspiegel entstanden verschiedene Deltas und Terrassen. Schließlich kam der Seegrund zum Vorschein, in dem sich eine dicke Schicht Sand und Schlamm abgesetzt hatte. Der Wind türmte die getrockneten Partikel zu großen Dünen aufeinander und blies den feinen Staub des Schlamms weit ins Land. Er ist noch etwa 30 Kilometer östlich vom Jasper-Nationalpark zu finden.
Ein kleiner Rest des ehemaligen riesigen Sees ist der heutige Jasper Lake. Er ist ungefähr sechs Kilometer lang und eineinhalb Kilometer breit. Seine Ausdehnung ist sehr vom Wasserzufluß des Athabasca River abhängig. Auch der Jasper Lake war einst viel größer als heute. Die wandernden Sanddünen trennten jedoch im Laufe der Zeit einige Teile von ihm ab und schufen neue Seen – den Talbot Lake und den Edna Lake. Manche dieser Sanddünen sind so stabil, daß man über sie sogar den Yellowhead Highway hinüberführen konnte. Nach und nach wird der Athabasca River den flachen Jasper Lake vollständig mit Sedimenten auffüllen und ihn gänzlich einebnen.
Nach dem Jasper Lake verbreitert sich das Tal noch etwas. Immer weiter kann der Blick über die Landschaft schweifen. In der Ferne leuchten

die Schneekappe des Mount Edith Cavell und die rotbraune Spitze des Pyramid Mountain. Gerade wenn man von Osten kommt, kann man erkennen, wie treffend der Name für diesen gewählt wurde. Zu seinen Füßen liegt Jasper City.

Kurz bevor man den Ort erreicht, biegt links eine Seitenstraße zu einem der landschaftlich schönsten Gebiete des Jasper-Nationalparks ab. Sie führt entlang des Maligne-Tales bis hin zum Maligne Lake – dem berühmten Kleinod des Parks.

Das Tal des heutigen Maligne River war in den Eiszeiten von hohen Gletschern bedeckt. Eine etwa 300 Meter dicke Eiszunge schob sich vom Bereich des Maligne Lake bis zum Athabasca-Tal und mündete dort in einen noch mächtigeren Gletscherstrom. Da der eisige Finger im Maligne Valley nicht die gewaltige, erodierende Kraft des Gletschers im Athabasca Valley hatte, entstand ein „hängendes Tal", das heute etwa 120 Meter über dem weiten Tal des Athabasca River liegt. Während sich die Gletscher zurückzogen, hinterließen sie im Maligne Valley Unmengen von Felsbrocken und Sedimenten. Der Maligne Lake, ein typischer Gletschersee, entstand durch eine Gletschervertiefung und einen Gerölldamm an seinem heutigen nördlichen Ufer, hinter dem sich das Schmelzwasser der zurückgehenden Eisdecke sammeln konnte. Heute zählt der See zu den beliebtesten Ausflugszielen des Jasper-Nationalparks. Und das zu Recht, denn seine Lage ist paradiesisch schön. Zwischen hohen, schneebedeckten Bergketten, zwischen unberührten Wäldern, die die Ufer säumen, und flankiert von eindrucksvollen Gletschern, zieht sich dieses Schmuckstück über 25 Kilometer am Südende des Malige Valley dahin. Man kann nur staunen über die Großartigkeit dieser Landschaft. Der Höhepunkt von allem ist ein Besuch von Spirit Island. Diese zauberhafte kleine Insel ist nur mit einem organisierten Touristenboot zu erreichen. Kein noch so begabter Maler könnte sich ein schöneres Motiv für ein Bild ersinnen.

Der Maligne Lake ist der zweitgrößte Gletschersee der Erde und der größte Kanadas. An seiner tiefsten Stelle mißt er etwa 100 Meter. Trotz dieser großen Tiefe besteht die Gefahr, daß der See an einer Stelle, man nennt sie die „Samson Narrows", allmählich mit Sedimenten aufgefüllt wird und aus dem langgestreckten See zwei kleinere entstehen. Reißende Flüsse vom Charlton-Gletscher im Westen und vom Maligne-Gletscher gegenüber transportieren mit ihren Schmelzwassern eine große Menge von Sedimenten, bilden langgezogene Deltas und schütten nach und nach einen Damm auf. Die Vegetation faßt Fuß und verfestigt diesen Damm.

So sehr der hübsche Maligne Lake auch zum Schwimmen einladen mag – seine Wassertemperatur ist allenfalls etwas für Fische. Und die scheinen sich hier auch sehr wohl zu fühlen. Eingeweihte Angelfreunde schätzen den Maligne Lake sehr und sind unermüdlich auf großen Fang aus. Und ein großer Fang ist hier keine Seltenheit. Prachtexemplare mit einem Gewicht von zehn Kilogramm und einer Länge von über einem halben Meter – das ist kein Anglerlatein – zappeln jedes Jahr an den Haken. Von den vielen, vielen kleineren Fischen ganz zu schweigen.

Im Spätsommer wird die Oberfläche des Sees mit einer Schicht winziger brauner Partikel überzogen. Das ist weder Schmutz noch sind es Algen; es sind vielmehr die Pollen der rundherum wachsenden und blühenden Bäume wie Engelmann-Fichte, Douglas-Tanne und Lodgepole-Kiefer.

Der Maligne-Fluß, der vom Maligne Lake gespeist wird, fließt in dem auch heute noch sehr urwüchsigen Tal. Natürlich waren seine Wasser nach den Eiszeiten ungleich größer. Sie trugen große Felsblöcke weit flußabwärts und verteilten das Geröll im Tal oder trugen es mit sich fort bis in den Athabasca River. Dieser unbändige kleine Fluß erhielt seinen Namen von dem belgischen Jesuitenpater de Smet, der im Jahre 1846 die größten Schwierigkeiten hatte, die turbulenten unteren Wasser zu durchqueren. Sehr verärgert nannte Vater de Smet ihn deshalb auf französisch „Maligne", was so viel wie „böse" bedeutet. Der herrliche Maligne-See, das unberührte Tal und der muntere Fluß hätten weit schönere und treffendere Bezeichnungen verdient.

Auf seinem Weg zum Athabasca-Tal mündet der Maligne River auf halber Strecke in den Medicine Lake. Der Wasserpegel des Sees ist von der Schmelzwasserzufuhr des Flusses und damit von den verschiedenen Jahreszeiten abhängig. Man kann die unterschiedlichen Wasserstände deutlich an der Uferlinie ablesen. „Medicine" bedeutet für die Indianer „Zauber". Und für verzaubert hielten sie diesen See. Denn mysteriöserweise hat der See nur den südlichen Zufluß des Maligne River, aber keinen Abfluß – es sei denn, seine Wasser treten im Hochsommer über das nördliche Ufer. Da sich die Indianer das Phänomen nicht erklären konnten und glaubten, überirdische Mächte seien hier mit im Spiel, gaben sie ihm den Namen Medicine Lake.

Heute weiß man mehr über den Zaubersee. An seiner Nordostseite liegen im Seebett große Wasserabflußöffnungen, die der Anfang eines riesigen unterirdischen Röhren- und Höhlensystems sind. Die Fundamente des Sees bestehen aus leicht zersetzbarem Kalkgestein, das von Rissen und Sprüngen durchzogen ist. Diese Spalten wurden durch einsickerndes Wasser erweitert, miteinander verbunden und bilden inzwischen ein ungeheures Wasserreservoir, das teilweise über 30 Kilometer weit reicht. Die verschwindenden Wasser des Medicine Lake treten als Quellen an völlig anderen Stellen wieder zutage, z. B. im Maligne Canyon, ca. 16 Kilometer flußabwärts. Mit Wasserfärbemitteln hat man dieses unterirdische Kanalsystem nachgewiesen. Kein Wunder also, wenn der Maligne River sang- und klanglos im „Zaubersee" verschwindet. Nur im Sommer, wenn die Schmelzwasser überreich sind, kann das unterirdische System nicht ganz die Fluten aufnehmen. Dann ist der See bis an seinen Rand gefüllt, das Wasser läuft über, und der Maligne River setzt seinen Weg auch im urzeitlichen, oberirdischen Flußbett nordwärts fort.

Im Herbst dagegen trocknet der See fast aus. Der Maligne River führt in dieser Jahreszeit dem Medicine Lake nur sehr wenig Wasser zu. Er schlängelt sich äußerst spärlich zwischen Sand und Schlamm am Bassinboden und füllt nur noch die Abflußlöcher, die bei diesem niedrigen Wasserstand gut zu erkennen sind. Das eigentliche oberirdische Bett des Abflusses am Nordufer des Medicine Lake bleibt dann trocken.

Sollte sich das unterirdische Kanal- und Höhlensystem einmal so weit vergrößert haben, daß selbst die Schmelzwasserflut des Sommers darin Platz findet, so wird das Bett des Zaubersees das ganze Jahr über leer bleiben. Verläßt man den Medicine Lake, der von den bizarr geschliffenen, gewaltigen grauen Kalksteinwänden der Colin Range eskortiert wird, so gelangt man nach kurzer Fahrt zum Maligne Canyon. Der Maligne River schuf hier in Jahrtausende währender Arbeit eine atemberaubende Schlucht. Wieder ist der Untergrund, wie auch beim Medicine Lake, Kalksteinfels. Warum gerade hier ein Canyon entstand, ist leicht zu erklären. Wie schon erwähnt, ist das Maligne Valley ein „hängendes Tal", das etwa 120 Meter über dem Athabasca Valley liegt. Aus diesem Grund stürzte nach den Eiszeiten der Maligne River über eine hohe Klippe hinunter in dieses Tal. Ganz allmählich erodierte der brausende Fluß, der zu dieser Zeit enorme Wassermengen führte, das Gestein rückwärts. Nach und nach entstand so die Schlucht.

Auffallend sind zwei scharfe Biegungen, die die Hauptrichtung des Flußlaufs kurzzeitig verändern. Diese extremen Kursabweichungen entstanden durch Brüche im Gestein, denen der Fluß folgte. Man nimmt an, daß die Gesteinsspalten durch Erdanhebung hervorgerufen wurden. Noch etwas anderes ist in der Maligne-Schlucht auffallend. Es sind die großen runden Aushöhlungen in den steilen Canyonwänden. Sie entstanden in ehemals geringen Mulden des Gesteins, und zwar an den Stellen, an denen das Wasser Wirbel bilden konnte. Die vom Fluß mitgerissenen Kiesel schliffen diese Aushöhlungen immer weiter in den Fels hinein. Schließlich entstanden große zylinderförmige Vertiefungen, in denen die hineingespülten Steine zurückblieben und die Wände und den Boden glattpolierten. Diese „Potholes", wie sie im Englischen genannt werden, sind in jeder Höhe der Canyonwände zu finden.

Gleich am Beginn des Canyons kann man die Entstehung neuer Potholes recht gut erkennen.

Und noch etwas anderes kann man hier oben entdecken. Im Kalksteinfelsen heben sich deutlich Versteinerungen von winzigen Tieren der urzeitlichen Meere ab. Kleine Schneckengehäuse, die einst tief unter der Erdoberfläche lagen, kamen durch Erdanhebung und Erosion wieder zum Vorschein. Wer ein aufmerksamer Beobachter ist, der wird außerdem noch etwas sehr Seltsames feststellen. Wenn man am Rand des Canyons entlanggeht, vom Anfang bis zu seinem Ende, dann wird man erstaunt sein, um wieviel größer die Wassermenge ist, die am unteren Austritt erscheint. Diese Besonderheit hängt wieder mit dem Medicine Lake zusammen. Teile seines Wassers treten als starke Quellen etwa in der Mitte des Maligne Canyons wieder aus. So weit reicht das unterirdische Kanalsystem des „Zaubersees". Im Hochsommer, wenn der Medicine Lake auch das oberirdische Flußbett des Maligne River füllt, gischten die reißenden Fluten wild durch den Canyon. Je kühler jedoch die Jahreszeit wird, um so weniger Wasser führt der Fluß, bis er im tiefen Winter schließlich völlig erstarrt. Mächtige Eisstalaktiten hängen dann von den Felsklippen herab, und eine unheimliche Stille liegt über der verschneiten Schlucht.

Von der ersten Brücke, die über die Schlucht führt, hat man einen weiten Ausblick bis in das Athabasca-Tal. Rasant schießt im Sommer der Maligne River unter den Füßen hindurch und läßt die Brücke sanft vibrieren. Auf den letzten zehn Kilometern vor dem Canyon fällt das Wasser etwa 200 Meter – in der Schlucht selbst, auf etwa eineinhalb Kilometern, noch einmal 120 Meter. Trotz der grabenden und schleifenden Kraft ist die Schlucht nirgends tiefer als 51 Meter. Aber die Tiefe ist es auch nicht, die den Maligne Canyon so eindrucksvoll macht. Es sind vielmehr seine bedrückend engen, senkrechten Wände und seine schöne Lage inmitten der tiefgrünen Wälder des Maligne Valley.

JASPER-NATIONALPARK, NORDWESTLICHER TEIL

VOM MOUNT ROBSON PROVINCIAL PARK NACH JASPER CITY

Die meisten Besucher, die zum Jasper-Nationalpark unterwegs sind, kommen aus Richtung Vancouver, Prince George oder Prince Rupert. Sie durchqueren „Beautiful British Columbia" und erreichen als erstes den Mount Robson Provincial Park, der gleich westlich an den Jasper-Nationalpark anschließt. Dieses Naturschutzgebiet gehört eigentlich nicht zum Jasper-Nationalpark, es ist jedoch landschaftlich nicht von diesem zu trennen und soll auch deshalb hier nicht weggelassen werden.
Der Mount Robson Provincial Park entstand im Jahre 1913 durch einen Sondererlaß der Provinz British Columbia. Mit dieser Maßnahme soll das über 217.000 Hektar große Gebiet, das zweifellos eines der wertvollsten in ganz Nordamerika ist, vor der Zerstörung bewahrt werden.
Der gewaltige Beherrscher dieser Bergregion, unvergleichlich in Schönheit und Erhabenheit, ist Mount Robson – der König der kanadischen Rocky Mountains. Mit einer Höhe von 3954 Metern ist er zugleich die höchste Erhebung im kanadischen Teil der langgestreckten Bergkette. Oft verhüllt sich Seine Majestät unnahbar hinter einer dicken Nebelwand, der Winter legt ihm einen prachtvollen, glitzernden Schneemantel um die Felsschultern, und der Sommer ziert ihn früh am Morgen mit einem reizenden Wolkenkragen. Doch wenn sich Seine Hoheit klar und mächtig vor dem strahlenden Blau des Himmels präsentiert, wenn weder Nebel noch Wolken seine Schönheit verbergen, dann kommt niemand an diesem grandiosen Bild

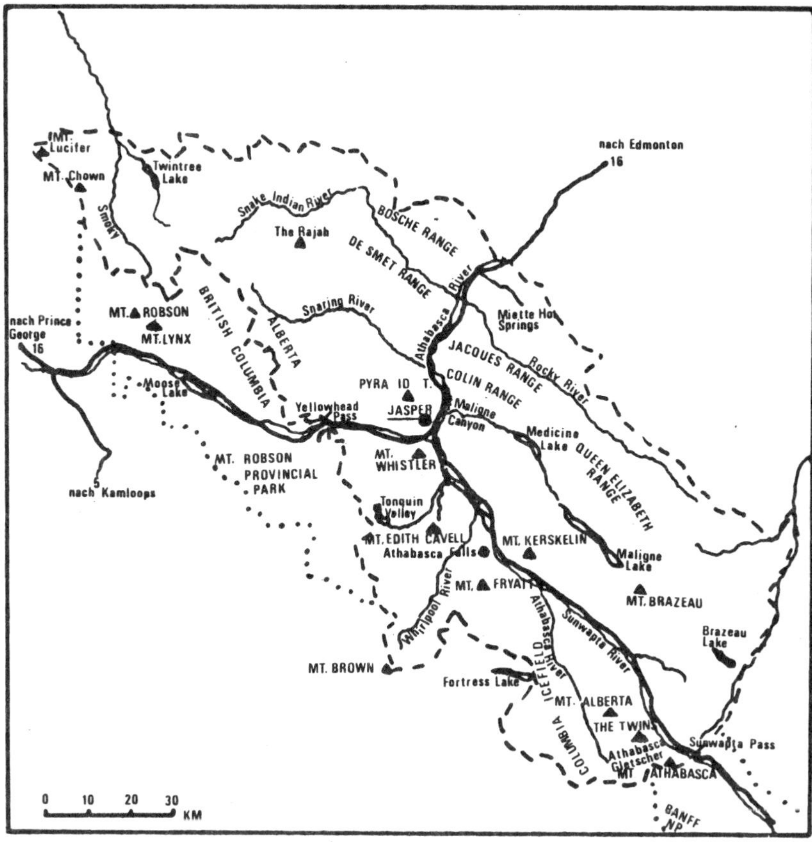

Jasper-Nationalpark

vorbei. Dann hält der Berg alle Blicke gefangen und zaubert Worte der Bewunderung und des Staunens auf die Lippen.
Der Mount Robson hat schon seit jeher seine Besucher begeistert. Schon immer war er eine Herausforderung für Bergsteiger, die ihren Mut und ihre Kraft an seiner Größe messen wollten. Bereits 1907 und 1908 unternahmen die Brüder Coleman und Reverend Kinney zwei Expeditionen, die aber erfolglos endeten. Ein Jahr später versuchten Reverend Kinney und Donald Phillips ihr Glück über die steile Westwand, doch

ebenfalls vergebens. Erst 1913 gelang W. W. Foster und A. H. McCarthy unter der Führung des berühmten österreichischen Alpinisten Conrad Kain die Erstbesteigung über die Nordostwand. Seither versuchen sich jedes Jahr erfahrene Kletterer in den steilen Fels- und Eiswänden. Schon viele mußten schweren Herzens aufgeben, denn der Mount Robson fordert allerhöchste Leistungen von den Bergsteigern – er zählt zu den schwierigsten Bergen der Rocky Mountains.

Aber um die Schönheit des Mount Robson und seiner Umgebung zu genießen, muß man nicht unbedingt bis hinauf auf die Spitze. Mit einem Paar festen Wanderschuhen und einem kleinen Rucksack kann man sich das prachtvolle Gebiet zu Fuß erobern. Ein gar nicht beschwerlicher, aber sehr reizvoller Weg führt entlang des Robson River zum Kinney Lake. Man durchschreitet einen kleinen, sehr üppigen Regenwald, der hier durch die starken Niederschläge der feuchten Westwinde entstanden ist. Sie werden von der riesigen Felsbarriere des Mount Robson aufgehalten und regnen ab. Dicht und hoch stehen großblättrige Pflanzen, überall findet man Farne und Moose. An den Bäumen hängen lange Bartflechten, die spielerisch vom Wind bewegt werden. Fichten, Föhren, Tannen und auffallend viele hochgewachsene Zedern säumen den Pfad. Auf halbem Weg erreicht man die temperamentvollen Knowlton-Wasserfälle des Robson River. Sie drehen Wirbel und formen Sogtrichter, sie schäumen und gischten, so daß ein zart sprühender Tropfenschleier tausend funkelnde Wasserdiamanten in der Sonne entstehen läßt. Der Kinney Lake selbst ist ein typischer Gletschersee, der von den Schmelzwassern des Mount Robson und seiner Nachbarberge gespeist wird. Seinen Namen erhielt er nach Reverend Kinney, der sich so unermüdlich um die Erstbesteigung des Berggiganten bemüht hatte. Am See findet man stille Plätze zur Rast, und es bietet sich ein phantastischer Blick auf die umliegenden Berge.

Dehnt man die Wanderung auf eine Zwei-Tages-Tour aus, dann kann man vom Kinney Lake den Weg noch weiter fortsetzen durch das Valley of a Thousand Falls, das Tal der tausend Wasserfälle, bis hin zum Berg Lake. Im Tal der tausend Wasserfälle hat der Robson River im Laufe vieler Jahrtausende eine enge Schlucht gegraben. Über gewaltige Felsstufen stürzt er nun in die Tiefe und bildet mehrere hübsche Wasserfälle; die drei größten sind die White Falls, die Falls of the Pool und die Emperor Falls. Letztere schießen über 60 Meter die Klippen hinunter.

Am Berg Lake, der an der Nordflanke des Mount Robson gelegen ist, präsentiert sich ein spektakuläres Panorama; über ein Dutzend Gletscher sind von hier zu sehen. Mit blendendem Weiß und zartem Blau grüßen sie von den umliegenden Bergspitzen. In den See selbst schiebt sich der bis zu 800 Meter breite Berggletscher des Mount Robson hinein. In gewaltigen Eiskaskaden wälzt er sich unaufhaltsam auf den Berg Lake zu. Im Sommer hört man das unheimliche Knarzen und Stöhnen des Eises. Wenn man Glück hat, kann man das Abbrechen eines haushohen Eisblockes beobachten, der dann als Eisberg im See treibt.

Verläßt man schweren Herzens das reizvolle Gebiet um den Mount Robson und fährt auf dem Yellowhead Highway ostwärts, so trifft man noch auf so manchen bildschönen Platz, an dem man gern verweilen möchte. Da ist zum Beispiel der dunkle, langgestreckte Moose Lake, dessen Ufer von steilen, dicht bewaldeten Bergwänden umsäumt wird, oder der

verträumt gelegene Yellowhead Lake, in dem sich der imposante Bergstock der Yellowhead Mountains widerspiegelt. Beide Seen sind beliebte Ziele für Kanufahrer.
Das weite, ehemalige Gletschertal zwischen Moose Lake und Yellowhead Lake ist heute das übergroße Flußbett für den Oberlauf des Fraser River. Es ist von sanften Moränenhügeln unterbrochen und mit Geröll und Felsen aufgefüllt. Überall, rechts und links der Highways, findet man gut ausgeschilderte Wanderpfade von unterschiedlicher Länge und Schwierigkeit.
Je näher man dem Yellowhead-Paß kommt, um so höher richtet sich am Horizont der Mount Fitzwilliam auf. Er ist ein unübersehbarer Koloß auf dem Weg zum Jasper-Nationalpark; man nennt ihn auch den „Wächter des Yellowhead-Passes". Durch seine zweifarbigen Gesteinsablagerungen (die Basis ist hell, die Spitze rötlichbraun) ist er mit keinem anderen Berg zu verwechseln. An seiner Nordseite entlang führt ein sehr schöner Wanderweg, der Fitzwilliam Trial, bis zu einem kleinen, malerisch gelegenen See.
Hat man schließlich den Yellowhead-Paß erreicht, so verläßt man den Mount Robson Provincial Park und kommt in den Jasper-Nationalpark. Die Grenze zwischen den beiden Parks ist zugleich die Zeitgrenze (Pacific Time in British Columbia, Mountain Time in Alberta – plus eine Stunde), die Provinzgrenze und die kontinentale Wasserscheide. Das bedeutet, vom Yellowhead-Paß aus fließen die Wasser in zwei Richtungen; Bäche, die westwärts sprudeln, münden in den Fraser River, und dieser endet im Pazifik. Der Miette River dagegen strömt ostwärts, vereinigt sich nahe Jasper City mit dem Athabasca River. Dieser strebt via Mackenzie River seinem Ziel, dem Arktischen Ozean, zu. Die Grenze zwischen den beiden Provinzen wurde genau entlang dieser Wasserscheide gezogen. Der Yellowhead-Paß ist mit nur 1131 Metern eine der niedrigsten Stellen der Wasserscheide und war daher auch ein günstiger Punkt für den Bau einer Straße und einer Eisenbahnlinie. Von hier aus sind es nur noch etwa 25 Kilometer bis Jasper City.

JASPER UND UMGEBUNG

Die kleine Ortschaft Jasper liegt inmitten des breiten Athabasca-Tales, das während der Eiszeiten von den langsam gleitenden Eismassen geweitet und vertieft wurde. Zwei gigantische Gletscher trafen sich hier. Einer wälzte sich in dem Tal entlang, in dem heute der Miette River sein Bett hat. Er kam vom Yellowhead-Paß und schob sich ostwärts, und zwar durch dieselben Täler, durch die sich heute der Yellowhead Highway windet. Der zweite Gletscher drängte sich träge vom Südende des Nationalparks nach Norden, entlang der Route des jetzigen Icefields Parkway, bis er auf den zuerst genannten Gletscher stieß. Das Zusammentreffen dieser beiden Eisgiganten fand etwa in dem Bereich statt, wo sich heute Jasper befindet. Gemeinsam strebten die Gletscher von hier aus ostwärts und ebneten mit ungeheurer Macht das gesamte Tal ein. Nach dem

Ende der Eiszeiten stauten sich die Schmelzwasser der Gletscher hinter einem riesigen Moränendamm zu einem langgestreckten See auf. Das Wasser reichte bis nach Jasper zurück. Einige hübsche kleine Seen, die heute im weiten Gerölltal des Athabasca River liegen, wie z. B. Lake Beauvert, Lake Edith und Lake Annette, sind Überreste dieses langgezogenen Gletschersees.

Obwohl der Jasper-Nationalpark sich über mehr als 10.800 Quadratkilometer erstreckt, sind nur etwa 800 Quadratkilometer flacher Talboden. So ist es verständlich, daß Jasper gerade dort erbaut wurde, wo es heute steht – auf der Geröllebene des ehemaligen Gletschersees. Und man erkennt gut, daß diese Ebene auch sehr geeignet war, um hier die Eisenbahnlinie und die Straße entlang zu führen.

Jasper war, lange bevor es zu einem Touristenzentrum wurde, wichtige Eisenbahnstation und großer Güterumschlagplatz. Erst viel später gewann es touristische Bedeutung. Der kleine Ort, der nördlich des Zusammenflusses von Athabasca River und Miette River errichtet wurde, hat heute etwa 4000 Einwohner. Doch in den Hauptferienzeiten tummeln sich in der Stadt um die 30.000 Besucher. Hier treffen einander die Gäste aus den verschiedensten Ländern, denn Freizeitvergnügen aller Art wird in Jasper groß geschrieben. Golf und Tennis, Reit- und Skisport, Kanu- und Ruderbootfahrten sind sehr gefragt. Sogar eine Schule für Bergsteiger und Gletscherfreunde wurde eingerichtet. Außerdem starten in Jasper zahlreiche Wanderwege, und es werden von hier aus Ausflüge in komfortablen Bussen organisiert. Ob nur eine Tagestour oder eine Wochenfahrt – die Touristen werden zu allen interessanten Plätzen im Jasper-Nationalpark oder auch zum Banff-Nationalpark gebracht. Darüber hinaus veranstalten erfahrene Ranger kostenlose Gletschertouren am Athabasca-Gletscher, die von Jasper aus starten. Mit viel Liebe und Einsatz versucht die Parkverwaltung, die Besucher mit der Natur wieder vertrauter zu machen, das Zusammenspiel des Ökosystems zu erklären und mehr Verständnis für die Umwelt zu vermitteln.

Sehr beliebt ist in Jasper eine Fahrt mit der Seilbahn hinauf auf den Mount Whistler. Von der oberen Station aus hat man einen phantastischen Blick über die Stadt und das Athabasca-Tal. Will man die eigentliche Bergkuppe des Mount Whistler (2464 Meter) erklimmen, so muß man sich noch etwas weiter bemühen. Ein schmaler Pfad führt steil einige hundert Meter weit bis zum Kamm. Von hier oben hat man einen weitreichenden Blick auch in westliche Richtung.

An der oberen Ostwand des Mount Whistler sind extrem starke Spuren der Erosion zu sehen. Schon in der Eiszeit wurde der Berg arg deformiert. Da sein Gipfel nicht über die Eisdecke hinausragte, schliffen die Gletschermassen ihn erbarmungslos ab. Wer ein bißchen Zeit und Geduld hat, wird am Mount Whistler eine ganze Kolonie von Murmeltieren entdekken. Diese reizenden, aber scheuen Tiere stoßen bei Gefahr einen scharfen Pfiff aus, um so ihre Artgenossen zu warnen. Diese alarmierenden Pfiffe sind hier oben oft zu hören, und deshalb erhielt der Berg auch danach seinen

Rechts: Das Gestein des Mount Edith Cavell gehört zu den ältesten sichtbaren Felsformationen in den kanadischen Rocky Mountains (Jasper-Nationalpark).

58 *Throne Mountain, ein treffender Name für diesen Berg. Hier hatten einst riesige Gletscher ihren Sitz (Jasper-Nationalpark).*

Der ausgedehnte Wanderweg zum Tonquin Valley führt am leuchtend grünen Cavell-See vorbei ins Astoria-Tal (Jasper-Nationalpark).

Der Angel-Gletscher des Mount Edith Cavell

Der kleine Gletschersee am Fuße des Angel-Gletschers (Jasper-Nationalpark)

Ein grün schimmerndes Juwel – der Leach Lake (Jasper-Nationalpark)

Links: Entlang des Whirlpool River und weiter über den Athabasca-Paß führte einst die wichtigste Route über die kanadischen Rocky Mountains zur Westküste – der Athabasca Trail (Jasper-Nationalpark).

Die Athabasca Falls – weiß gischtende Wasser formten einen kühnen Canyon (Jasper-Nationalpark).

Sunwapta Falls (Jasper-Nationalpark)

Das Tal des Sunwapta River (Jasper-Nationalpark)

Der Stutfield-Gletscher schiebt zwei gewaltige Eiszungen über die Felskanten (Jasper-Nationalpark)

66 *Mount Athabasca, links, und Mount Andromeda, zwei weithin sichtbare Schneeriesen am Südende des Jasper-Nationalparks*

Der Mount Athabasca ist einer der schönsten Berge der Rocky Mountains. Dicke Schnee- und Eisflächen bedecken seine steilen Flanken.

68 *Das ausgedehnte Tal, das sich vom Mount Athabasca nordwärts erstreckt und heute ein übergroßes Flußbett für den Sunwapta River ist, wurde in den Eiszeiten von riesigen Gletschern gegraben. Die Wege der Gletscher sind noch gut an den zurückgebliebenen Moränen zu erkennen.*

Über dem Dome-Gletscher ist ein Teil des Ostrandes vom Columbia-Eisfeld zu sehen. Die Schnee- und Eisdecke erscheint nur schmal, ist hier jedoch über 100 Meter hoch (Jasper-Nationalpark).

Gletscherfluß am Athabasca-Gletscher. Schmelzwasser verschwindet in Eisspalten und strömt unterirdisch dem Fuße des Gletschers zu.

Rechts: Athabasca-Gletscher, der best erforschte Gletscher der Erde (Jasper-Nationalpark)

72 *Erosion hat den Nigel Peak stark zerfurcht und seine Flanken mit Geröll überschüttet. Der Nigel Peak ist Grenzposten zwischen dem Jasper- und dem Banff-Nationalpark.*

Namen – whistle bedeutet im Englischen Pfeifen.
Der Mount Whistler ist nicht der einzige Aussichtsberg, von dem man einen weiten Blick über das Athabasca-Tal und Jasper hat. Der Signal Mountain, direkt gegenüber der Ortschaft, und The Palisade, ein Stück östlich gelegen, bieten eine ebenso gute Fernsicht. Diese Aussichtspunkte müssen jedoch zu Fuß bestiegen werden. Nur auf den Mount Whistler führt eine Seilbahn hinauf.
Der dominante Berg im Bereich rund um Jasper ist der Pyramid Mountain (2722 Meter). Sein sehr altes rotbraunes Sedimentgestein aus dem Präkambrium und frühen Kambrium steht in großem Kontrast zu den jüngeren grauen und schroffen Kalksteinwänden der Colin Range im Südosten. Während der Pyramid Mountain auf Grund seines Gesteins zum Hauptgebirge der Rocky Mountains zählt, sind die bizarren Kalksteinfelsen typisch für das Vorgebirge. Letzteres zeigt sich meist sehr stark erodiert, und man nennt die Berge wegen ihrer auffallenden Zick-Zack-Form im Englischen treffend Sawtooth-Mountains, also Sägezahnberge.
Zu Füßen des Pyramid Mountain breiten sich zwei glasklare Seen aus, der Patrizia Lake und der Pyramid Lake. An windstillen Tagen reflektieren sie ein vollendetes Spiegelbild des mächtigen Berges. Diese beiden seichten Seen sind die größten einer langen Seenkette, die sich am Nordufer des Miette River entlang bis fast zum Yellowhead-Paß erstreckt. Ein Wanderweg, der südlich hinter Jasper beginnt, führt zwischen dichten dunkelgrünen Wäldern und vielen dieser glitzernden kleinen Seen hindurch (hin und zurück 30 Kilometer).
Jasper ist überhaupt ein idealer Ausgangspunkt für zahlreiche Wanderungen – auch für sehr ausgedehnte Touren bis in den Mount Robson Provincial Park oder in den Banff-Nationalpark. Tageswanderungen von der Ortschaft aus werden besonders gerne unternommen.
Ohne große Anstrengungen, aber landschaftlich trotzdem reizvoll, ist die Tour zum Valley of the Five Lakes, zum Tal der fünf Seen (hin und zurück 4,5 Kilometer). Sie beginnt am Icefields Parkway und umrundet fünf kleine jadegrüne Seen, die mit einer unglaublichen Farbintensität leuchten. Ständiger Wegbegleiter durch die unberührte Natur ist die stark erodierte Westseite des Mount Tekarra.
Sehr beliebt ist auch der Wanderweg, der am Ostufer des Athabasca River zu den friedvollen Seen Edith, Annette und Beauvert führt (hin und zurück zehn Kilometer). Man findet hier Ruhe und Beschaulichkeit, obwohl sie so nahe an der Stadt gelegen sind.
Viele der heutigen Wanderwege sind die ehemaligen Routen der Landvermesser, Missionare oder Pelzhändler vergangener Tage. Für sie standen lediglich sehr einfache Versorgungspunkte, wie das „Jasper-Haus", zur Verfügung.
Jasper dagegen ist heute im Nationalpark zwar nur die einzige umfassende touristische Servicestation, aber sie bietet doch alles, was das Herz begehrt. Hätte man mehrere ähnliche Orte errichtet, so wäre das Naturschutzgebiet schnell zersiedelt. Der Park soll ja vor allen Dingen als natürlicher Lebensraum erhalten werden. Das bringt für den Besucher allerdings manchmal auch Außergewöhnliches mit sich, wie eben eine Begegnung in freier Wildbahn mit einem Bären oder die Möglichkeit, auf den Straßen von Lawinenabgängen oder Steinschlag betroffen zu werden. Viele dieser Situationen sind für uns heute weitgehend unge-

wohnt, bewegen wir uns doch ständig in einer Welt, die gut abgesichert und versichert ist. Doch nach kurzer Zeit fühlt man wieder die Faszination des Urwüchsigen, des Natürlichen, und das ist ein großartiges Erlebnis. Man hat wieder ein Auge für die strahlenden Sterne am Himmel (wann haben Sie zu Hause das letzte Mal die Sterne bewundert?), man genießt die würzige Waldluft und nimmt sich Muße, um dem Plätschern eines Baches zu lauschen.

Wieviele Menschen wieder den Kontakt zur unberührten Natur suchen, läßt die große Besucherzahl erkennen. Die meisten wissen es, und manche ahnen es, was ihnen durch die rigorose Urbanisierung des Landes verlorenging. Sie wollen wenigstens in den Ferientagen die letzten Reste der Wildnis zur Erholung nutzen. Aber so einfach ist das inzwischen nicht mehr. Zu groß ist die Zahl der Parkbesucher geworden.

Darum muß heute die Natur vor dem Menschen geschützt werden. Ehemals in den Nationalparks angelegte Straßen wurden wieder für den Autoverkehr gesperrt, damit sich das Ökosystem regenerieren kann. Darum ist auch Jasper der einzige Versorgungspunkt, der für Touristen eingerichtet wurde. Es sollen möglichst wenig Ballungszentren entstehen. Jasper und die beiden Highways müssen ausreichen.

In den letzten Jahren tauchte ein neues Problem auf – die steigende Zahl der Rucksackwanderer, die weit ins Hinterland vordrangen. Auch hier mußte die Parkverwaltung eingreifen. Touren, die sich über mehrere Tage erstrecken, sind nun in Jasper anzumelden. Und zwar nicht deswegen, damit man feststellen kann, wann und wo jemand vom Bären gefressen wurde, sondern um die einzelnen Gebiete vor einem Überbesuch zu bewahren.

Die Ranger des Informationszentrums empfehlen dann dem Wanderer ein anderes, ebenso schönes Gebiet als Alternative. Jedem Naturfreund wird diese Maßnahme einleuchten, und er wird sich den Vorschlägen des Verwaltungspersonals fügen.

Jasper ist eines der unberührtesten Gebiete der gesamten Nationalparkkette. Mit Absicht wurden hier nur sehr wenige Wanderwege geschaffen. Es soll als Rückzugsgebiet für verschiedene Tierarten erhalten bleiben, die sich in den Haupturlaubszeiten durch den großen Touristenstrom gestört fühlen. Es ist für die Parkverwaltung sicher nicht immer leicht, beiden Seiten gerecht zu werden. Die Nationalparks wurden zum Schutz der Pflanzen- und Tierwelt ins Leben gerufen. Sie sollen aber ebenso dem Menschen zugänglich sein, zu seiner Freude und Erholung – ein inzwischen sehr schwieriges Unterfangen.

JASPER-NATIONALPARK, SÜDLICHER TEIL

ICEFIELDS PARKWAY – MOUNT EDITH CAVELL – WHIRLPOOL RIVER – ATHABASCA FALLS – SUNWAPTA FALLS – ATHABASCA-GLETSCHER

In den vorhergegangenen Abschnitten wurde der nördliche Teil des Jasper-Nationalparks beschrieben. Nun soll von der südlichen Hälfte die Rede sein.

Von Jasper aus führt der Icefields Parkway in südöstlicher Richtung durch ein wundervolles

Gebiet. Es ist empfehlenswert, diese Route von Nord nach Süd zu durchfahren, denn die Ausblicke während der Fahrt auf die verschiedenen Bergmassive sind so weit günstiger als in umgekehrter Richtung. Die Beschreibung der Naturschönheiten zu beiden Seiten des Icefields Parkway erfolgt daher fortlaufend von Nord nach Süd.

Um das erste interessante Teilgebiet zu erreichen, muß man von Jasper aus nicht sehr weit fahren. Nach wenigen Kilometern biegt vom Icefields Parkway der Highway 93 A ab. Er zieht sich eine kurze Strecke parallel zum Icefields Parkway, am westlichen Ufer des Athabasca River, entlang. Von dieser Nebenstraße geht eine Sackstraße ab, die bis dicht an den Fuß des Mount Edith Cavell und des Angel-Gletschers führt. Ein kurzer Abstecher dorthin ist unbedingt zu empfehlen.

In einigen steilen Kurven windet sich die schmale Straße durch das Astoria-Tal. Unterwegs sind immer wieder Haltepunkte, die eine herrliche Aussicht auf das Tal und die gegenüberliegenden rotbraunen, verwitterten Wände des Aquila Mountain und des Franchère Peak freigeben. Kurz vor ihrem Ende macht die Straße einen leichten Knick, und der gewaltige Throne Mountain (3092 Meter) liegt im Blickfeld. Er hat tatsächlich die Form eines Thrones. In seine Westseite haben Gletscher während der Eiszeiten ein tiefes Kar geschliffen. Die zurückgebliebenen senkrechten Seitenwände erinnern an riesenhafte Armlehnen. Zwischen dem Throne Mountain und dem gegenüberliegenden Oldhorn Mountain (2981 Meter) führt einer der landschaftlich wundervollsten Wanderwege des Jasper-Nationalparks hindurch – der Tonquin Valley Trail (hin und zurück 40 Kilometer). Er startet an dieser Sackstraße, schlängelt sich durch das wildromantische Astoria-Tal bis zu den Amethyst Lakes, die ihren vielversprechenden Namen zu Recht tragen. Sie schmiegen sich am Südende des Tonquin-Tales dicht an die Bergflanken der Ramparts. Folgt man dem Weg weiter, so biegt er bald scharf nach Osten ab und windet sich im engen Tal des Portal Creek entlang. Der Wanderweg endet an der Straße zum Marmot Basin, einem weitbekannten, großflächigen Wintersportgebiet.

Doch zurück zur Sackstraße, die uns zum Mount Edith Cavell (3363 Meter) führt. Schon vom Parkplatz aus hat man eine grandiose Sicht auf seine gewaltige, schräg geschichtete Nordwand. Ein großer Teil des mehrere hundert Millionen Jahre alten Gesteins besteht aus Quarz, einem rekristallisierten Sandstein der präkambrischen und frühen kambrischen Periode. Durch die extreme Auffaltung in diesem Gebiet erscheinen Versteinerungen der urzeitlichen Meerestiere und des Meeresbodens wieder an der Oberfläche. Sie waren durch Gletscherbewegungen abtransportiert und an anderen Stellen zurückgelassen worden. Mit sehr viel Glück kann man hier Bruchstücke dieser uralten Schätze finden.

An der sonnengeschützten Nordwand des Mount Edith Cavell könnte der Schnee auch im Sommer teilweise überdauern. Doch da diese Bergseite fast senkrecht abfällt, rutschen kleinere Schneelagen immer wieder ab und stäuben wie weiße Schleier über die dunkle Wand. Erodiertes Gestein bröckelt ebenfalls in kleinen Lawinen ab. Welche ungeheuren Mengen sich im Laufe der Zeit ansammelten, das zeigen die großen Sedimentkegel an der Basis des Berges. Sie setzen sich aus einem Eis-Geröll-Gemisch zusammen.

Einen eindrucksvollen Blick auf den Mount Edith Cavell und besonders auf seinen Angel-

Gletscher gewinnt man während einer kurzen Rundwanderung, die durch das ehemalige Gletscherbett führt. Man kann gut erkennen, welch kolossale Eismassen sich hier früher entlanggewälzt haben müssen. Der Angel-Gletscher war in den Eiszeiten, trotz seiner hohen Eisdecke, nur ein Nebengletscher. Die ungeheuren Moränendämme, die sich weit ins Tal erstrecken, lassen darauf schließen, wie gewaltig die Gletscher aus der Nachbarschaft gewesen sein müssen. Hinter so einem hohen Gerölldamm stauen sich jetzt die Schmelzwasser des Mount Edith Cavell und des Angel-Gletschers. Sie formten einige hundert Meter talabwärts den leuchtend grünen Cavell Lake. Über die geschichtlich jüngste Moräne, die hier entstanden ist, führt der erwähnte Rundweg hinweg. Sie wurde vom Angel-Gletscher während einer kleinen Zwischeneiszeit, die etwa um 1750 ihren Höhepunkt fand, aufgetürmt. Damals reichte der Gletscher noch bis zum Parkplatz hinunter. Die Endmoräne, die nach dem Wegschmelzen des Eises zurückblieb, ist ein Rest aus dieser Zeit. Ganz allmählich faßt auch die Vegetation hier wieder Fuß. Moose und Flechten sind die ersten Vorkämpfer auf den chaotischen Felshalden. Bäume und Sträucher, die in den etwas tiefer gelegenen Sandschichten keimen können, bemühen sich zäh um den neuen Lebensraum.

Der Angel-Gletscher schiebt heute nur noch eine verhältnismäßig kleine Zunge über eine steile Klippe herab. Die Geröllkegel unterhalb des Eisfingers sind, wie auch die an der Basis des Mount Edith Cavell, eine Verbindung aus Sedimenten und Eis. Das Schmelzwasser aus diesem Konglomerat sammelt sich in einem kleinen See am südlichen Ende des Weges. Die hohe blaue Bruchwand aus Gletschereis und die kleinen Eisschollen, die auf dem See treiben, gestalten ein außergewöhnliches Bild. In der Sommerzeit hört man es ganz deutlich in den Eisspalten knacken: ein unheimliches Geräusch in diesem lautlosen Gletscherkessel. Sollte das ständige Abschmelzen des Eises auch weiterhin anhalten, so wird sich der kleine See bald vergrößern und das gesamte Bassin mit Schmelzwasser füllen.

Das kleine Flüßchen, das sich seinen Weg durch das grobe Gletschergeröllfeld sucht, mündet in den tiefer gelegenen Cavell-See. Gespeist wird es von den Schmelzwassern des Mount Edith Cavell, des Angel-Gletschers und von den Eis-Geröll-Verbindungen. Aus den Sedimentmassen wäscht es die feinen Partikel heraus und transportiert sie in den Cavell Lake. Im Laufe der Zeit entstand hier durch die Ablagerungen schon ein beachtliches flaches Delta.

Nach dem Abstecher zum Mount Edith Cavell kann man nun seine Fahrt auf dem Highway 93 A fortsetzen oder wieder auf den Icefields Parkway zurückkehren. Von beiden Straßen aus ist die überragende Schneemütze des Mount Edith Cavell noch weithin zu sehen. Empfehlenswert ist die Weiterfahrt auf der 93 A. Diese Straße ist nicht nur weniger befahren, sie führt auch an vielen reizvollen Plätzen vorbei. Der nächstliegende ist der quirlige Whirlpool River. Durch sein Tal und weiter über den Athabasca-Paß führte einst die wichtigste Handelsroute über die kanadischen Rocky Mountains. Noch heute kann man auf diesem historischen Trapperpfad wandern. Der Weg führt am nordwestlichen Ufer entlang, vorbei am Moab Lake und im flachen Gerölltal des Whirlpool River immer weiter. Bis zum Athabasca-Paß sind es von der Straße aus mehr als 50 Kilometer.

Wieder zurück am Highway 93 A kommt man

kurz nach der Brücke über den Whirlpool River an den Leach Lake, einen ungewöhnlich grünen kleinen See. Seine unbewegte Oberfläche spiegelt vollendet die Schneespitzen der Whirlpool Mountains wider. Ein stiller, romantischer See, der zum Verweilen einlädt.
Nicht allzu weit nach dem Leach Lake mündet der Highway wieder in den Icefields Parkway. Und direkt an dieser Straßengabelung befinden sich die A t h a b a s c a F a l l s. Hier stürzt der Athabasca River schäumend und tosend über eine Klippe aus sehr hartem Felsgestein in die Tiefe. Die milchige Farbe des Wassers entsteht durch die feinen Sedimentpartikel, die der Fluß mit sich führt.
Besonders im Sommer ist auf Grund der vielen Schmelzwasser die Gischt geradezu dramatisch. Millionen glitzernder Wasserperlen stäuben weit in die Luft und schweben für kurze Augenblicke über dem Abgrund. Millionen und Abermillionen glänzender Tropfen folgen ihnen. Sie sprühen wie ein endloses Feuerwerk in allen Farben des Spektrums. Über dem Wasserfall zaubern sie bei Sonnenschein einen phantastischen Regenbogen.
Die Felsstufe im Talboden des Athabasca River war schon in den Eiszeiten von den Gletschern vorgeformt worden. Es handelt sich hier eigentlich nicht nur um eine, sondern um mehrere Stufen, über die der Fluß seine Kaskaden hinunterstürzte. Doch im Laufe von Jahrtausenden hat er das Gestein stark erodiert und sich rückwärts eine enge Schlucht in den Fels geschnitten. Ähnlich wie im Maligne Canyon entstanden auch hier zahlreiche Potholes. In die stark geschichteten Wände wurden glatte, halbrunde Aushöhlungen geschliffen. Man sieht sie von der Brücke, die über den Canyon hinüberführt, besonders gut. Von hier zeigt sich auch ein sehr schönes Gesamtbild der Athabasca Falls. Im Vordergrund die tiefe, engwandige Schlucht, im Mittelpunkt die wildschäumenden Wasserfälle und in der Ferne das rotbraune Gestein des Mount Kerkeslin (2987 Meter). Die Felsen dieses Berges zählen zu den ältesten Formationen der kanadischen Rockies. Auffallend sind zwei breite rote Schichten, die sich an der Nordseite, knapp über der Baumgrenze, entlangziehen. In diesen Adern sind Eisenoxide eingeschlossen, die die rötliche Farbe hervorrufen.
Nach den Athabasca Falls fährt man auf dem Icefields Parkway weiter südwärts durch das weite Tal des Athabasca River, das einst von den mächtigen Gletschern der Eiszeiten geschaffen worden ist. Mount Kerkeslin bleibt zurück, doch nun erscheinen rechter Hand die eindrucksvollen Bergspitzen des Mount Fryatt (3363 Meter), Brussels Peak (3163 Meter) und Mount Christie (3105 Meter). Ein Aussichtspunkt hoch über dem Flußlauf des Athabasca River bietet einen weitreichenden Blick über das langgetreckte Bergpanorama und das bewaldete Gerölltal. Die Sedimentbank, auf der sich der Aussichtspunkt befindet, ist noch ein verbliebener Rest der Gletscherbewegungen der letzten Eiszeit. Unterhalb dieses Ausblicks ist eine Salzlecke, an der man mit etwas Glück Dickhornschafe oder Schneeziegen beobachten kann.
Nicht weit von hier passiert der Icefields Parkway die Stelle, an der der vom Südosten kommende Sunwapta River in den Athabasca River mündet. Während die Straße von jetzt ab dem Sunwapta folgt, biegt der Athabasca in südlicher Richtung ab. Seine Quellen befinden sich im Bereich des Columbia-Gletschers, direkt an der großen kontinentalen Wasserscheide. Bis zum Ende ihres Weges im Nord-

polarmeer legen seine Wasser 3540 Kilometer zurück.
Etwas südlich der Gabelung dieser beiden Flüsse zweigt vom Icefields Parkway eine kurze Seitenstraße ab, die zu den Sunwapta Falls führt. Einen besonderen Reiz verleiht diesen Wasserfällen eine kleine Insel, die direkt oberhalb der Fälle liegt. Der Sunwapta River schließt sie malerisch in seine kalten Wasserarme. Kurz vor den Fällen ändert der Fluß plötzlich scharf seinen Kurs von Nordwest nach Südwest und stürzt über eine Klippe tief in einen Canyon. Ähnlich wie bei den Athabasca Falls existierten auch hier früher mehrere Gesteinsstufen, über die sich der Fluß in zahlreichen Kaskaden ergoß. Nicht weit von den Hauptwasserfällen ändert sich die Richtung des Canyons abrupt im rechten Winkel. Diese starke Biegung entstand durch eine Verwerfungslinie im Gestein, der der Fluß folgte. Nach einigen kleineren Wasserfällen flußabwärts erreicht der Sunwapta River das flache Tal des Athabasca River und mündet wenig später in dessen Flußlauf.
Der Icefields Parkway windet sich nun im Tal des Sunwapta River weiter. Links der Straße erhebt sich eine gigantische langgestreckte graue Felswand: The Endless Chain Ridge, die Endlose Kette. Ihre Südseite, abgeschliffen und zerfurcht durch Gletschereinwirkung, fällt steil zum Parkway hin ab. Der scharfzackige Grat zieht sich viele Kilometer hoch über der Straße entlang. Gegenüber der Endless Chain Ridge erhebt sich der weite Gebirgsstock der Winston Churchill Range. Der Icefields Parkway steigt nun an, und von verschiedenen Haltepunkten aus zeigt sich wieder ein wundervolles Panorama – eine schneebedeckte Bergwelt und zu ihren Füßen das tiefgrüne, dicht bewaldete Tal des Sunwapta River.

Ein kurzes Stück weiter kommt rechts der Straße der gigantische Doppelfinger des Stutfield-Gletschers in Sicht. Zwei riesige Eiskaskaden hängen über eine sehr steile Bergwand herab. Große Eismassen des Gletschers stürzten bereits zu Tal. Sie liegen hinter einem bewaldeten Hügel verborgen und können daher von der Straße aus nicht gesehen werden. Der Stutfield-Gletscher trug während der Eiszeiten erheblich zur Verbreiterung des Tales bei. Er schob seine Sedimente quer hindurch und hinterließ enorme Geröllmassen. Heute schlängelt sich silbern glänzend der Sunwapta River verloren durch das weite Gletschertal. Sein überdimensioniertes Flußbett scheint ihm um einige Nummern zu groß zu sein. Links neben dem Stutfield-Gletscher thront der Mount Kitchener (3511 Meter). Über seine Bergkuppe schiebt sich der Rand des Columbia-Eisfeldes.
Weiter flußabwärts zwängt sich der Sunwapta River durch einen steilwandigen Canyon. Die Straße steigt höher und höher und gibt bald einen atemberaubenden Blick auf den Mount Athabasca frei – ein gewaltiges Bergmassiv mit großen Gletscherfeldern, vollendet in Form und Schönheit.
Doch bevor man den Mount Athabasca (3491 Meter) erreicht, sieht man links des Mount Kitchener einen weiteren Eisarm – den Dome-Gletscher. Er entstand durch Eis- und Schneemassen, die über die dahinterliegende Bergwand herabgeschoben wurden. In dem kleinen Tal unterhalb türmen sich große Moränen- und Geröllhalden, die zum Teil mit Eis vermischt sind. Die Schmelzwasser dieses Gemenges und die des Dome-Gletschers vereinigen sich mit dem Sunwapta River. Der Berg links vom Gletscher trägt ebenso eine dicke Eisdecke. Dies ist wieder der Rand des Colum-

bia-Eisfeldes, der hier zu sehen ist. Ein bißchen erinnert diese hohe Felswand an ein großes Stück Kuchen, das auf seiner Oberseite mit einer Zuckerglasur versehen wurde. Doch man darf sich nicht täuschen lassen. Bei dieser „Zuckerglasur" handelt es sich um eine 100 Meter hohe kompakte Eis- und Schneeschicht.

Bevor der Icefields Parkway den Jasper-Nationalpark verläßt, berührt er den wohl bemerkenswertesten Punkt aller drei Nationalparks: den Athabasca-Gletscher. Hier bietet sich die einmalige Gelegenheit, einen Gletscher kennenzulernen, ohne vorher eine strapaziöse und gefährliche Bergbesteigung hinter sich gebracht zu haben. Der Athabasca-Gletscher ist sozusagen ein „Drive-in-Gletscher", dessen Fuß man mit dem Auto vom Icefields Parkway in weniger als einer Minute erreichen kann. Es ist aber auch möglich, Touren auf der 7,3 Kilometer langen und über 600 Meter breiten eisigen Zunge zu unternehmen. Man fährt entweder mit den Snowmobiles, kleinen stabilen Kettenfahrzeugen, vom östlichen Moränendamm aus auf den Gletscher. Die zweite Möglichkeit ist zweifellos noch interessanter: eine kostenlose, halbtägige Gletschertour zu Fuß mit einer kleinen Gruppe von Touristen unter der Leitung erfahrener Parkranger. Hierfür ist lediglich eine rechtzeitige Anmeldung im Touristeninformationszentrum erforderlich. Während dieser Führung wird den Teilnehmern alles Wissenswerte über Gletscher dargelegt. Und da gibt es eine Menge sehr interessanter Dinge zu erfahren; zum Beispiel, daß der Athabasca-Gletscher nur ein kleiner Finger des dahinter liegenden riesigen Columbia-Eisfeldes ist. Die Castleguard-Gletscher, der Columbia-Gletscher, der Stutfield-Gletscher, der Dome-Gletscher und der Saskatchewan-Gletscher sind weitere Finger dieses Eisfeldes. Mit einer Fläche von 389 Quadratkilometern ist das Columbia-Eisfeld die größte Eisdecke in den Rocky Mountains. Und trotzdem ist sie nur ein kleiner Rest der ehemaligen gigantischen Eisfläche, die in den Eiszeiten die gesamten Rocky Mountains und den größten Teil Kanadas bedeckte. Der Grund für das Überdauern dieses Eisfeldes hängt zum einen mit seiner Lage (die durchschnittliche Höhe ist 2900 Meter) und zum anderen mit den starken Schneefällen zusammen. Die feuchten Winde, die vom Pazifik kommen, werden von der Bergbarriere aufgehalten und schlagen sich hier nieder. Damit ein Eisfeld entstehen und sich halten kann, muß das Volumen des Schneefalls in der kalten Jahreszeit beträchtlich umfangreicher sein als das des Zurückschmelzens im Sommer. Und dies muß sich kontinuierlich über viele Jahre hindurch fortsetzen. Denn damit überhaupt Gletschereis entstehen kann, ist eine Mindestschneehöhe von 30 Metern erforderlich. Erst dann ist der Druck der darüberliegenden Schneemassen groß genug, um die unterste Schicht in Eis umzuformen. Große Ansammlungen von Eis werden durch den ungeheuren Druck ihres Eigengewichts zähplastisch und beginnen sich langsam talwärts zu bewegen. Wenn man bedenkt, daß hundert Meter Schnee nur eine einen Meter dicke Eisschicht ergeben, dann kann man nur staunend nachrechnen, daß bei einer derzeit maximalen Eishöhe des Columbia-Eisfeldes von 385 Metern ein Schneefall von 38.500 Meter Höhe stattgefunden haben muß. Doch dieser Wert gilt nur für die jetzige Eisdecke, ohne zu berücksichtigen, daß die Eisschicht in früheren Zeiten beträchtlich höher gewesen ist und die oberen Schneelagen jeden Sommer teilweise abgeschmolzen

werden. Eine geradezu unfaßbare Menge an Niederschlägen kam im Laufe vieler Jahrtausende auf die Rocky Mountains herunter.
Das Columbia-Eisfeld ist nicht nur das Nährgebiet der zahlreichen Gletscher, es ist außerdem der zentrale Punkt der kontinentalen Wasserscheide. Zwar ist der höchste Berg der Eisfeldregion der Mount Columbia mit 3747 Metern, doch die eigentliche Wasserscheide ist der Snow Dome (3460 Meter). Von dort treten die Niederschläge ihren Weg in drei völlig verschiedene Richtungen an. Eine Schneeflocke, die über dem Snow Dome herabfällt, hat also die Möglichkeit, entweder durch den Athabasca River, der in den Mackenzie River mündet, in das Nordpolarmeer zu gelangen, oder sie kann via North Saskatchewan River, Lake Winnipeg und Nelson River die Hudson Bay und somit den Atlantischen Ozean erreichen. Ihre dritte Möglichkeit ist das Columbia-River-System, das sie bis in den Pazifik bringen kann. Ein kleiner Windhauch ist also möglicherweise entscheidend, welche Reise die kleine Schneeflocke antreten wird. Eventuell beginnt sie ihren Weg zum Meer in Form von Schmelzwasser schon sehr bald. Es kann aber auch sein, daß sie von großen Schneemengen überdeckt und zu Eis gepreßt wird. In diesem Fall verzögert sich ihre Reise um 200 Jahre. Denn so lange dauert es etwa, bis sie durch das langsame Fließen der Eismassen eines Tages den Fuß eines Gletschers erreichen und dort abtauen wird. Wenn man also unterhalb des Athabasca-Gletschers steht, blickt man auf das ca. 200 Jahre alte Ende einer von Spalten zerfurchten Eispranke.
Im oberen Teil des Athabasca-Gletschers kann man ganz deutlich drei Gesteinsstufen erkennen, über die sich die Eismassen hinwegschieben. Messungen ergaben, daß die Eisschicht über der obersten Stufe am geringsten ist; sie mißt dort etwa 100 Meter. Über der mittleren Stufe beträgt sie ungefähr 200 Meter und über der unteren zwischen 250 und 330 Meter. Da ein Kubikmeter Eis 913 Kilogramm wiegt, entsteht ein Druck von etwa 180 Tonnen pro Quadratmeter auf die mittlere Gesteinsstufe. Auffallend sind die zahllosen Eisspalten, die sich über diesen Bergabsätzen bilden. Sie werden durch Dehnungen des Eises in diesem Bereich hervorgerufen. Es entstehen aber ebenso Längsspalten im Eis, die auf eine horizontale Verbreiterung der Eiszunge zurückzuführen sind. Weitere große Spalten finden sich am Fuße des Gletschers. Auch hier schiebt sich das Eis über zwei kleinere Hügel hinweg. Die maximale Tiefe der Brüche liegt ungefähr bei 40 Metern. Denn die Oberfläche des Gletschers ist infolge fehlenden Drucks so spröde wie Glas. Erst in größeren Tiefen ist das Eis plastisch genug, um keine Brüche mehr zu bilden. Im Sommer stürzen Schmelzwasserströme in die Eisspalten, weiten und vertiefen sie. Es entstand so allmählich ein regelrechtes unterirdisches Kanalsystem, das bis zum Fuße des Gletschers reicht. Die Menge des Schmelzwassers ist nicht nur allein von der Jahreszeit abhängig. Ein wolkenverhangener Tag oder die Kühle der Nacht reduzieren die Wassermassen bereits ganz erheblich. Im Sommer büßt der Athabasca-Gletscher große Teile seines Eisbestandes ein. Der Eisarm zieht sich deutlich sichtbar zurück, obwohl ein ständiger Eisnachschub stattfindet. In den kalten Monaten, wenn das Abtauen beendet ist, schiebt sich der Gletscher wieder weiter talwärts. Um wieviel er schrumpft, ist deutlich an den Endmoränen abzulesen, die er hinterläßt. Noch um 1870 schob sich die Zunge des Athabasca-Gletschers bis hinter das heutige Icefield

Mount Caselett, ein imposanter Wegbegleiter des Icefields Parkway (Banff-Nationalpark)

82 *Weeping Wall – die weinende Wand – Schmelzwasser stürzt in Kaskaden über Felsklippen, zusammen über 100 Meter tief, ins Tal.*

Der North Saskatchewan River

Der Barbette-Gletscher erinnert an einen Bergsee, dessen Oberfläche vom Wind gepeitscht wird.

Links: Mount Chephren, eine markante Felsspitze im Nordteil des Banff-Nationalparks

Ein prächtiger Wapiti im Abendlicht

Die Schmelzwasser des Peyto-Gletschers tragen enorme Mengen Gerölls in den Peyto Lake. Im Laufe der Zeit werden die Ablagerungen den See vollständig auffüllen.

88 *Das riesige Wapta-Eisfeld schiebt über steile Felsklippen einen eisigen Finder ins Tal – den Bow-Gletscher. Im Bow Lake sammelt sich sein Schmelzwasser.*

Rechts: Lake Louise – das Kleinod des Banff-Nationalparks

90 *Extreme Erosion am Südende des Bow Lake. Schmelzwasser transportieren vom dahinter liegenden Wapta-Eisfeld Geröll, schleifen zusätzlich die gewaltige, davor gelegene Bergfront und lagern die Steinfracht in den Bow Lake ab.*

Am äußersten Südende des Bow Lake schiebt der Crowfoot-Gletscher seine Eiskrallen die Felsen entlang (Banff-Nationalpark).

Aronstab – Frühlingsbote in Sumpfgebieten

Roter Mohn am Lake Louise

Den Zähnen eines Sägeblattes ähnelt die Sawback Range (Banff-Nationalpark).

94 *Die schroffen Spitzen der Sawback Range bilden eine lange Kette entlang des Bow River (Banff-Nationalpark).*

Mount Rundle – Wächter vor den Toren von Banff City

Center. Seit dieser Zeit hat der Gletscher mehr als zwei Drittel seines Volumens verloren. Im Jahr 1938 reichte er immer noch bis an den Sunwapta River. Im Durchschnitt zog er sich jährlich um acht Meter zurück. Doch seit einigen Jahren ist das Rückschmelzen plötzlich zum Stillstand gekommen. Ein eindeutiger Grund hierfür kann nicht angegeben werden; es sind zu viele Faktoren, die berücksichtigt werden müssen. Außergewöhnlich schwere Schneefälle während eines Jahres beispielsweise wirken sich noch nicht nachhaltig auf ein Anwachsen der Eisdecke aus. Schon ein trockener, heißer Sommer kann die starken Niederschläge wieder ausgleichen. Nur Beobachtungen über sehr lange Zeiträume geben Aufschluß über das Vordringen oder Zurückweichen des Gletschers.

Wie hoch der Athabasca-Gletscher noch um 1870 gewesen sein muß, lassen die Moränenwälle, die er zurückließ, erkennen. Die östliche Moräne, auf der auch die Hütte der Snowmobil Tours steht, erreicht an ihrem unteren Ende eine Höhe von ca. 100 Meter. Noch heute ist diese Geröllmasse ein Gemisch aus Eis und Sedimenten. Jedes Jahr schmilzt mehr Eis daraus ab, und in einigen Jahren wird man die Hütte abreißen und an einer anderen Stelle wieder aufbauen müssen, denn die Geröllhalde, auf der sie errichtet wurde, wird abrutschen. Wie sehr die Moräne durch das Abtauen in Bewegung ist, sieht man auch ganz deutlich am Zustand der Straße, die über sie hinwegführt. Ständig müssen Ausbesserungsarbeiten an Rissen und Vertiefungen durchgeführt werden, die laufend in der Straßendecke entstehen.

Die scheinbar schmutzige Oberfläche des Gletschers rührt jedoch nicht von Geröllablagerungen her. Es handelt sich hier um schwarzen Staub, der von den Schneeflocken aus der Atmosphäre mitgebracht wird. Sie benötigen diese winzigen Partikel, um auskristallisieren zu können. Jede einzelne Schneeflocke birgt so ein mikroskopisch kleines Teilchen in sich. Dieselben schwarzen Teilchen sind auch die Ursache für die phantastische blaugrüne Färbung des Gletschereises. In den Eiskristallen eingeschlossen, absorbieren sie die roten und reflektieren die blauen Anteile des einfallenden Lichts. Durch das ständige Abschmelzen des Eises an der Oberfläche ergibt sich allmählich eine Anhäufung dieses Staubes. Gletscherforscher benutzen die dunklen Partikel zu Messungszwecken. Bohrentnahmen aus verschiedenen Eistiefen ermöglichten durch genaue Analyse des enthaltenen Staubes und der Pollenanteile einen Einblick in das Klima und die Vegetation längst vergangener Zeiten. Doch das sind nicht die einzigen Messungen, die hier vorgenommen wurden. Da der Athabasca-Gletscher so gut zugänglich ist, ist er inzwischen der besterforschte Gletscher unserer Erde. Bereits seit 1945 werden seine Geschwindigkeit und seine Veränderungen genau beobachtet. Interessante Ergebnisse, die sich auf das Fließen des Gletschers beziehen, zeigten sich nach jahrelangen Aufzeichnungen. Im Jahr 1962 steckte man quer über den Athabasca-Gletscher zwei Markierungs-

Links: Castle Mountain – der Schloßberg (Banff-Nationalpark)

reihen in die Eidecke. Man stellte fest, daß in der Mitte der Eiszunge die Bewegung am schnellsten vor sich geht. Die Randbezirke werden von den Talseiten gebremst, ähnlich wie die Wasser eines Flusses durch die Uferzonen stark abgebremst werden. Die Geschwindigkeit der Eisbewegung pro Jahr liegt bei etwa 80 Metern im Zentrum und bei 30 Metern an den Gletscherrändern. Auch dies ist ein Grund für die Entstehung der senkrecht verlaufenden Spalten im Eis.

Noch eine weitere Entdeckung haben die Wissenschaftler gemacht: So unglaublich es auch klingen mag, eine Wurmart hat sich den Athabasca-Gletscher als Lebensraum erobert. Im Frühsommer findet man eine große Anzahl dieser gut einen Zentimeter großen Lebenskünstler auf der Eisoberfläche. Sie ernähren sich von den Pollen und Algen, die vom Wind hierher getragen werden.

Die schönste Sicht auf den Athabasca-Gletscher und das Sunwapta-Tal hat man vom Wilcox Peak (2892 Meter) aus. Ein kurzer Wanderweg führt hinter dem Chalet des Icefield Center an seiner Südflanke entlang. Zur linken dominiert erhaben Mount Athabasca mit einer rauhen Gletscherkaskade an seiner Nordseite. Dahinter leuchtet die Eiswand des Mount Andromeda (3442 Meter). Am Horizont, über dem Athabasca-Gletscher, ist ein Teil des Columbia-Eisfeldes zu sehen, und rechts davon schiebt sich der Dome-Gletscher ins Tal.

Dieser kurze Ausflug hinauf zum Wilcox Peak, mit dem eindrucksvollen weitreichenden Blick, ist zugleich letzte Station im Jasper-Nationalpark. Noch einmal steigt der Icefields Parkway kurz an, bis er den Sunwapta-Paß erreicht hat. Der stark verwitterte Nigel Peak (3214 Meter) links der Straße verabschiedet die Besucher dieses einzigartigen Naturschutzgebietes.

BANFF-NATIONALPARK

SUNWAPTA-PASS – NORTH SASKATCHEWAN RIVER CROSSING – PEYTO LAKE – BOW LAKE – HECTOR LAKE – YOHO-NATIONALPARK – LAKE LOUISE – MORAINE LAKE

Der Sunwapta-Paß (2035 Meter) markiert die Grenze zwischen dem Jasper-Nationalpark und dem Banff-Nationalpark. Von Anfang an zeigt der Banff, daß seine reizvolle Landschaft der Schönheit des Jasper keinesfalls nachsteht.

Direkt am Nordeingang streckt sich rechter Hand der Saskatchewan-Gletscher ins Tal. Er ist der größte Gletscher des Columbia-Eisfeldes – zwölf Kilometer lang und zwischen 1000 und 2000 Meter breit. Seine Oberfläche erscheint, entgegen der des Athabasca-Gletschers, relativ glatt. Das bedeutet, daß sich seine Eismassen durch ein Bett ohne nennenswerte Gesteinsabstufungen schieben. Leider kann man die Zunge des Saskatchewan-Gletschers von der Straße aus nicht sehen. Doch eine kurze Wanderung von nur zweieinhalb Kilometer hinauf auf die Parkers Ridge ermöglicht einen sehr guten Blick auf ihn. Ganz deutlich kann man erkennen, um wieviel größer dieser Eisarm früher gewesen sein muß und welche enormen Geröllmengen er hinterlassen hat. Seine Schmelzwasser sind die Quellen des North Saskatchewan River, der von hier aus seinen Weg bis zur weit entfernten Hudson Bay nimmt.

Die Parkers Ridge (2100 Meter) selbst ist ebenfalls ein sehr interessantes Gebiet. Die Landschaft ist offen und den kalten, heftigen Winden, die über das Eisfeld kommen, ausgesetzt. In dieser Höhe überleben nur noch sehr wenige Pflanzen. Zu ihnen gehören das

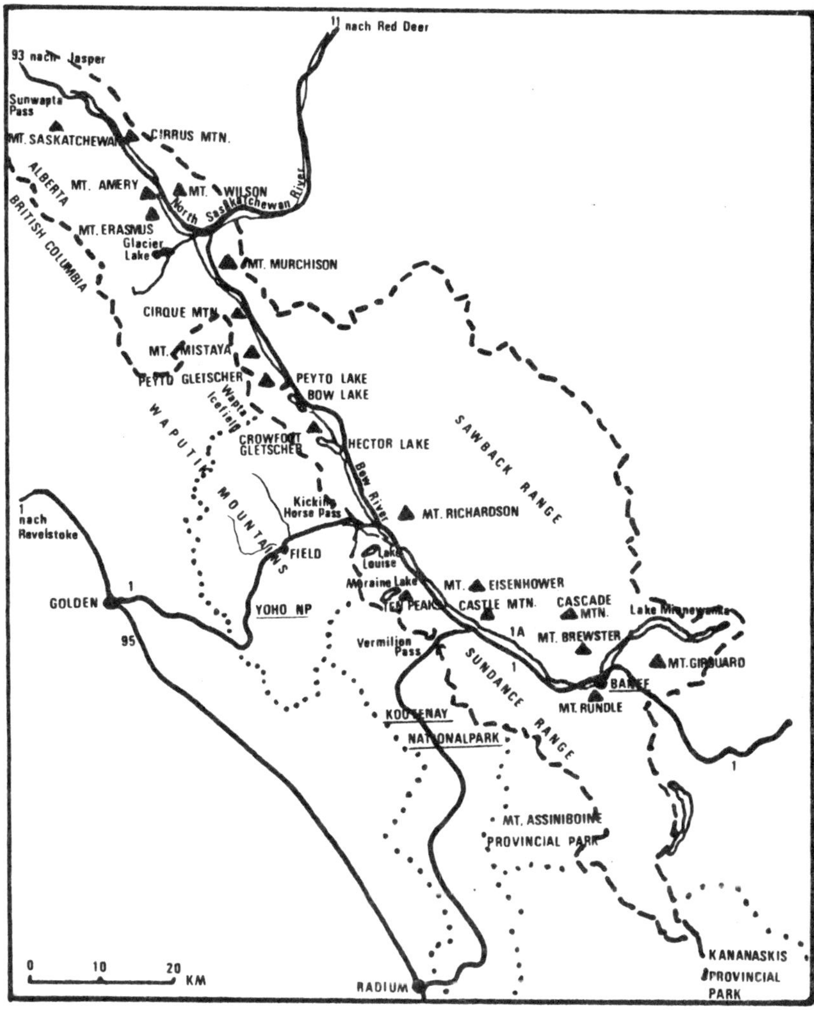

Banff-Nationalpark

Krummholz, Moose und Flechten und die kleinwüchsige Hochgebirgsflora. Dies ist die Grenze zwischen der kargen subalpinen und der felsigen alpinen Region.

Nach der Parkers Ridge führt der Icefields Parkway an zwei hübschen Wasserfällen vorbei, die links der Straße über steile Klippen stürzen. Der Nigel Creek schäumt über mehrere Felsstufen hinunter in einen tiefen Canyon und formt die Panther Falls. Ein Nebenarm des Nigel Creek fällt über mehr als 100 Meter in die Tiefe und bildet die Bridal Veil Falls, die Brautschleier-Wasserfälle. Eine Entscheidung, welcher von den beiden der schönere ist, läßt sich da nur sehr schwer treffen.

Vom S u n w a p t a - P a ß aus fällt der Icefields Parkway in einer großen Kurve steil in das breite Gerölltal des North Saskatchewan River ab. Es ist immer wieder erstaunlich, wieviele Radfahrer und Radfahrerinnen durch die Nationalparks unterwegs sind. Und gerade hier, an diesem steilen Paß, muß man ihnen bewundernd und anerkennend nachschauen, wenn sie keuchend, aber ausdauernd ihren Weg fortsetzen. Hier gewinnt scheinbar ein neuer Sport immer mehr an Beliebtheit – das „Rocky-Mountains-Radeln".

Nach dem Sunwapta-Paß bietet sich auf der Weiterfahrt eine überwältigende Bergszenerie. Rechts erhebt sich Mount Saskatchewan (3342 Meter), dessen zerklüftete Spitze ganz charakteristisch von Felstürmchen und -pfeilern geprägt wird. Sie sind noch weit flußabwärts im Tal zu sehen. An ihn schließt sich südlich Mount Amery (3335 Meter) an. Auch seine Form ist unverkennbar. Das sehr alte kambrische Gestein ist horizontal geschichtet, und seine abgeflachte Bergkuppe trägt permanent eine Eiskappe.

Gegenüber dem Mount Saskatchewan thront der Cirrus Mountain (3257 Meter). Von seiner Westflanke stürzen steil unzählige kleine Bäche über 100 Meter in die Tiefe. Immer wieder wird ihr Fall von sanften Bodenwellen unterbrochen, und für eine kurze Strecke fließen sie dann schäumend bergab, bis sie sich von neuem über eine Felsklippe ergießen. W e e p i n g W a l l, die weinende Wand, so

werden diese hübschen Wasserfälle ganz treffend genannt.
Eines der fesselndsten Bilder am Wegrand des Icefields Parkway bietet Mount Castelett. Seine zerfurchte, verwitterte Bergspitze erinnert sehr an eine mittelalterliche Burganlage. Auf der Oberfläche eines kleinen Sees, der sich zu seinen Füßen ausbreitet, bildet sich formvollendet sein Spiegelbild ab. Das ist ein Plätzchen für Genießer.
Je weiter man seinen Weg südwärts durch das Tal des North Saskatchewan River fortsetzt, um so mehr weitet es sich. Die Gletscher, die sich in den Eiszeiten hier entlanggewälzt haben, hinterließen Unmengen von Geröll, Sand und Felsen. Heute ist es nur noch der North Saskatchewan River, der gewaltige Sedimentablagerungen aus den Bergen in das Tal befördert. Die graue Farbe seines Wassers zeigt dies sehr deutlich. Vom Alexandra River, der sich durch ein dichtbewaldetes Seitental schlängelt, erhält er reiche Unterstützung. Gemeinsam streben die beiden Flüsse südwärts. Ihre Wasser verzweigen sich im breiten Tal in zahlreiche Arme, formieren sich später zu einem langgestreckten See, spalten sich abermals auf und bilden etliche kleine Inseln im Flußbett. Bevor der North Saskatchewan River eine scharfe Biegung nach Nordosten macht und den Banff-Nationalpark verläßt, stoßen noch zwei größere Flüsse zu ihm: der Howse River und der Mistaya River.
David Thompson, einer der ersten Landerforscher, die einen Weg über die Rocky Mountains suchten, kam vom Osten durch das Tal des North Saskatchewan River. Er ritt weiter den Howse River entlang bis zum Howse-Paß. Diese Strecke stand später lange Zeit als geeigneter Übergang für den Bau einer Straße und einer Eisenbahnlinie zur Debatte. Der David Thompson Highway, der heute ostwärts bis Red Deer führt, folgt der historischen Route des Pioniers. Er wurde zu Ehren Thompsons nach ihm benannt. Wer den Spuren Thompsons noch weiter nachgehen will, der kann mit dem Rucksack bis zum Howse-Paß vordringen.
An der North Saskatchewan River Crossing trennt sich der Icefields Parkway vom Fluß, der seinen Weg ostwärts zur Parkgrenze fortsetzt. Die Straße läßt Mount Wilson (3242 Meter) zurück, überquert den Fluß und windet sich am Fuße des Mount Murchison (3333 Meter) entlang. Hier, am anderen Ufer, bietet ein hoch gelegener Aussichtspunkt eine gute Sicht über das Tal. Vom Südwesten kommt der Mistaya River, dem von nun an der Icefields Parkway weiter folgt. Gerade gegenüber sieht man das Tal des Howse River mit einer Reihe von Berggiganten im Hintergrund; Mount Outram (3254 Meter) und Mount Forbes (3630 Meter) sind hier die größten unter den Großen.
Nicht weit vom Aussichtspunkt entfernt liegt nahe der Straße der Mistaya Canyon. Ein kurzer Fußweg durch dichten Wald endet an einer steilwandigen, engen Schlucht mit zahlreichen Potholes. Noch etwas weiter südwärts erhebt sich Mount Chephren (3266 Meter) über den romantisch gelegenen Waterfowl Lakes. An der Basis des Berges bildeten sich durch herabgestürzte Eismassen zwei kleine Gletscher. Sie sind ein gutes Beispiel für die Entstehung von Gletschern weit unterhalb der eigentlichen Schneegrenze in dieser Region. Die Schmelzwasser des Mount Chephren und seiner Mini-Gletscher sammeln sich im Chephren Lake, der hinter einer kleinen Anhöhe am Fuße des Berges verborgen liegt. Ein Wanderweg von etwa eineinhalb Stunden führt vom Waterfowl Lake Campground aus zu den Ufern

des Sees. Der Howse Peak (3294 Meter) spiegelt sich malerisch in diesem strahlend blaugrünen Juwel.
Ein weiteres Schmuckstück im Tal des Mistaya River ist der Mistaya Lake. Von der Straße aus ist dieser hübsche See leider nicht zu sehen. Doch ein kurzer Wanderweg führt bis an sein nördliches Ufer. In seinem Geröllbett schuf der Mistaya River eine ganze Kette flacher Seen; der Mistaya Lake ist mit etwa drei Kilometer Länge der größte von ihnen. Er wird zusätzlich von den Schmelzwassern des dahinter liegenden Barbette-Gletschers gespeist. Diese weithin sichtbare Eisdecke schmiegt sich in ein tiefes Kar zwischen den Wänden des Barbette Mountain (3074 Meter) und des Mount Patterson (3197 Meter). Ihre Oberfläche ist tief von Eisspalten zerfurcht und erinnert an die Wellen eines sturmgepeitschten Sees. Der obere Teil des Barbette-Gletschers ist leuchtend weiß vom frischen Schnee des letzten Jahres. Die älteren Eismassen sind mit Geröll vermischt und wirken aus der Entfernung „schmutzig".
Gleich nach dem Mistaya Lake folgt ein ebenso bildschöner Gletschersee – der Peyto Lake. Seinen Namen erhielt er nach Bill Peyto, einem ausgezeichneten Bergführer, der in den ersten Tagen der Nationalparks die Besucher durch die Wildnis geführt hatte und später hier Ranger geworden war.
Den schönsten Blick auf den See und seine Umgebung hat man vom Peyto Lookout, den man auf einer kleinen Seitenstraße vom Icefields Parkway aus erreichen kann. Hoch über dem Peyto Lake kann man hier weit nach Norden über das Tal des Mistaya River blicken, das mit vielen Bergspitzen auf jeder Seite aufwartet. Gegenüber baut sich mächtig die Ostflanke des Mount Patterson auf, links dahinter sieht man Mistaya Mountain, Peyto Peak und den Peyto-Gletscher – dies ist das Quellgebiet des Mistaya River. Die lange Eiszunge des Peyto-Gletschers ist ein Teil des großen, dahinter liegenden Wapta-Eisfeldes, das nach Westen bis in den Yoho-Nationalpark hineinreicht. Man kann gut erkennen, welche riesigen Geröllmassen die Schmelzwasser des Gletschers in den Peyto Lake transportieren. An seinem Südufer hat sich bereits ein langgestrecktes Delta gebildet, und im Laufe der Zeit wird der See restlos mit Sedimenten aufgefüllt werden. Die unglaublich blaugrüne Farbe des Wassers hängt von der Menge der Sedimente ab, die in den See gelangen. Im Frühjahr, wenn der Gletscher oberhalb zu schmelzen beginnt und große Ladungen Steine, Sand und Staub in das Wasser entladen werden, verursachen die mehlfeinen Partikel gewaltige graue Wolken am Delta. Sie verteilen sich langsam über den ganzen See. Größere und schwerere Geröllteile lagern sich am Boden ab. Wenn im Winter die Oberfläche des Peyto Lake gefroren ist und keine Sedimente mehr in den See befördert werden, beginnt sich das Wasser zu klären. Die mehlfeinen Partikel, die nicht länger durch den ständigen Wasserzufluß und durch Wellen in Bewegung gehalten werden, setzen sich nun ebenfalls am Grund ab. Am Ende des Winters ist daher die Farbe des Sees so dunkelblau wie die der Seen überall.
Nach der Abzweigung zum Peyto-Aussichtspunkt erreicht der Icefields Parkway am Bow-Paß (2070 Meter) seine höchste Stelle zwischen Jasper und Banff. Etwas unterhalb des Passes entspringt der Bow River, der in südöstlicher Richtung weiterstrebt. Seinem Flußlauf folgt der Highway nun, bis er den Nationalpark verläßt.
Nach wenigen Kilometern bildet der Bow River

bereits einen traumhaft schönen See – den Bow Lake. Die Schmelzwassser der umliegenden Berge münden ebenfalls in dieses Gewässer, daher ist der Zufluß des Sees erheblich geringer als der Abfluß. Wie die übrigen Seen des Icefields Parkway hat auch der Bow Lake eine faszinierende Farbe. Das intensive Blaugrün des Wassers steht in großem Kontrast zum leuchtenden Weiß des dahinter liegenden Bow-Gletschers. Dieser Eisarm ist, ebenso wie der Peyto-Gletscher, ein Teil des riesigen Wapta-Eisfeldes. Gleich unterhalb der Eismassen sammeln sich die Schmelzwasser in einer großen Mulde, die durch Gletscheraushöhlung entstanden ist. Das Wasser setzt seinen Weg über eine steile Klippe fort und formt einen prächtigen Wasserfall, der vom Highway aus gut zu sehen ist. Auch ein Canyon mit einer natürlichen Brücke entstand am Fuße des Bow-Gletschers. Man erreicht ihn nach einer etwa einstündigen Wanderung von der Num-Ti-Jah Lodge aus. Dieses historische Gästehaus wurde um 1920 von dem gebürtigen Engländer James Simpson erbaut, der jahrelang hier im Banff-Nationalpark als Touristenführer gearbeitet hatte. Das Geröllfeld, auf dem diese Lodge steht, ist das ehemalige Delta eines früher großen Schmelzwasserflusses, der heute nur noch so wenig Wasser führt, daß er kaum noch Sedimente befördern kann. Der Gletscher, der den Fluß einst gespeist hat, ist inzwischen völlig verschwunden. Nach und nach hat die Vegetation auf dem Gerölldelta Fuß gefaßt und verfestigt die losen Sand- und Gesteinsteile. Ein ganz besonders extremes Bild der Erosion zeigt sich am südöstlichen Ufer des Bow Lake. Die hohe steile Felswand wurde von Regen und Schnee stark zerfurcht und ausgespült. Riesige Sedimentkegel bildeten sich mit der Zeit an ihrer Basis. Doch diese Geröllmassen stammen nicht nur von diesem Berg allein. Das dahinter liegende Wapta-Eisfeld schiebt seine Gesteinsablagerungen ebenfalls zwischen den Bergfurchen hindurch und verstärkt auf diese Weise noch die Erosion. Am Südostende des Bow Lake ist ein weiterer Eisarm des Wapta-Eisfeldes zu sehen – der Crowfoot-Gletscher. Mit der Bezeichnung (Krähenfuß-Gletscher) traf man seine heutige Form recht gut. Zwei Eiskrallen schieben sich fast horizontal an einer Felswand entlang. Sie sind der abgerutschte und zurückgebliebene Rest einer ehemals großen Eisdecke. Vor einigen Jahren existierte auch noch eine dritte Kralle des Krähenfuß-Gletschers. Man kann das Bett, schräg unterhalb der beiden anderen Eisfelder, noch gut erkennen. Aber auch dieser Eisfinger rutschte ab. Seine Reste liegen nun am Fuße des Berges hinter einem Moränenhügel.

Der Bow River tritt unterhalb des Crowfoot-Gletschers wieder aus dem Bow Lake aus. Seine Wasser sind nun stark angeschwollen und nehmen in ihrem weiteren Lauf durch das Schmelzwasser der umliegenden Berge noch zu. Der Icefields Parkway und der Fluß folgen von nun an dem gleichen Weg. Im Osten schiebt der Dolomite Peak (2996 Meter) seinen stark verwitterten, schloßähnlichen Gipfel in den Himmel, dahinter zeichnet sich die scharfe Spitze des Mount Hector (3394 Meter) ab. Am gegenüberliegenden Flußufer erheben sich die rotbraunen Quarzwände des Bow Peak, und südlich davon leuchtet die weiße Gletscherzunge des Balfour Mountain (3274 Meter). Die Schmelzwasser dieser Berge sammeln sich im langgestreckten Hector Lake. Seinen Namen erhielt der See zu Ehren von James Hector, einem Teilnehmer der Palliser-Expedition, die dieses Gebiet 1858/59 erkundete. Von einer östlichen Bergschulter über dem Bow River hat man einen guten Blick über das dichtbewaldete Tal und den See. Das südliche Ende des Hector Lake reicht bis in das flache Flußtal des Bow River, während das Nordwestufer sich entlang der Bow-Peak-Flanke und der Waputik Range zieht. Von diesen Bergen schob sich während der Eiszeiten ein mächtiger Gletscher ins Tal. Nach dem Rückgang der Eismassen war eine Senke entstanden, die heute der See ausfüllt.

Nur wenige Kilometer nach dem Hector Lake trifft der Icefields Parkway auf den vom Westen kommenden Trans-Canada Highway, die Straße Nr. 1, die sich quer durch ganz Kanada zieht. Dieser Highway durchkreuzt den Banff-Nationalpark und verläßt ihn südöstlich von Banff City wieder. Folgt man der Straße ein Stück in westlicher Richting, dann erreicht man nach kurzer Fahrt den Kicking-Horse-Paß. Dieser ist die Grenze zwischen dem Banff-Nationalpark und dem Yoho-Nationalpark. Der schon erwähnte James Hector erforschte 1858 das Gebiet des heutigen Yoho-Nationalparks. Bei einer Rast während des langen, anstrengenden Rittes erhielt Hector von seinem Pferd einen furchtbaren Tritt gegen die Brust. Er verlor sofort die Besinnung und lag mehrere Stunden bewußtlos im Gras. Als er sich wieder ausreichend erholt hatte, konnte er seinen Weg weiter fortsetzen. Der „Kicking Horse"-Paß und ein Fluß gleichen Namens im Yoho-Nationalpark erinnern durch ihre Benennung noch heute an diesen unglücklichen Zwischenfall.

Mit einer Fläche von 1313 Quadratkilometern ist der Yoho-Nationalpark nur ein kleines Anhängsel an die drei großen Nationalparks, die ihn umgeben. Im Jahre 1886 wurde ein erster, kleiner Teil um den Mount Stephen

Yoho – Hamilton See mit Mount Carnarvon

(3199 Meter) unter Schutz gestellt. Dieser Berg ist bekannt wegen seiner ungewöhnlich reichen Fossilien. Später wurde der Nationalpark auf seine heutige Fläche erweitert, so daß nun seine Südgrenze an den Kootenay-Nationalpark stößt und die nördliche noch den größten Teil des Wapta-Eisfeldes einschließt. Der einzige Zugang zum Yoho-Nationalpark ist der Trans-Canada Highway. Mit dem Auto kann man nur sehr wenige Stellen des Parks erreichen. Lediglich zwei kleine Seitenstraßen führen nordwärts vom Highway aus in das zerklüftete Berggebiet. Die östliche Seitenstraße zieht sich entlang des Yoho River bis zu den Takakkaw Falls. Dieses Flußtal ist als Ferienziel besonders beliebt. Wandern, reiten, angeln und bootfahren sind nur ein Teil der vielen Freizeitmöglichkeiten. Die westliche der beiden Straßen führt zum zauberhaften Emerald Lake. Mag der Yoho-Nationalpark auch die Autofahrer nicht sehr verwöhnen, so ist er doch ideales Terrain für Wanderfreunde. Ein 400 Kilometer langes Wegnetz zieht sich bis in beinahe jede Ecke des Parks. Als Tagestouren sind die Routen zum beliebten Sherbrooke Lake und zum Paget Lookout zu empfehlen. Beide Ziele befinden sich nahe dem Osteingang. Der Sherbrooke Lake ist wieder einer der wunderschönen farbintensiven Gletscherseen der Rocky Mountains. Die Schmelzwasser des Mount Niles (2972 Meter), des Daly Mountain (3152 Meter) und seines Gletschers tragen viele Sedimente in diesen See.

Der Paget-Aussichtspunkt bietet dem Wanderer nach einem steilen, aber verhältnismäßig kurzen Weg eine atemberaubende Fernsicht über das Kicking Horse Valley und das Cataract Valley des Yoho-Nationalparks. Der Blick reicht sogar bis hinein in das Bow Valley und auf die Slate Range des Banff-Nationalparks. Im Frühjahr, nach der Schneeschmelze, sind die Wiesen rund um den Paget Lookout goldgelb überzogen von den Blüten der Gletscherlilien und übersät mit zarten Wildblumen. Ein weit weniger anstrengender Wanderweg am Westeingang des Parks bringt die Besucher zu den Wapta Falls. Der Pfad windet sich durch einen dichten Wald, in dem Farne und Douglas-Ahorn wachsen, bis hin zu den prächtigen Wapta-Wasserfällen, die hier über eine Klippe 30 Meter in die Tiefe stürzen.

Fährt man auf dem Trans-Canada Highway wieder zurück in den Banff-Nationalpark, vorbei am Cathedral Mountain (3189 Meter) und den Cathedral Crags, gabelt sich die Straße noch vor dem Kicking-Horse-Paß. Die linke Spur ist schon bekannt. Sie mündet in den Icefields Parkway im Tal des Bow River. Die rechte Straße führt zum Lake Louise, einem der schönsten Plätze in den kanadischen Rocky Mountains und zweifellos dem beliebtesten Ausflugsziel im Banff-Nationalpark. Steile, hohe Bergmassive umschließen diesen zauberhaften Gletschersee. Die höchste und gewaltigste Felswand am See-Ende ist der Mount Victoria (3464 Meter), ein Berg von außergewöhnlicher Schönheit. Er schiebt seine eisige Gletscherzunge über eine Klippe ins Tal des Lake Louise herab. An stillen Tagen hört man das Knarzen und Brechen des weiter entfernten Gletschereises noch am östlichen Seeufer. Wander- und Reitwege führen bis nahe an den Abbruch des Gletschers heran. Das Becken, das die Schmelzwasser heute ausfüllen, wurde durch gewaltige Gletscher gegraben, die einst das gesamte Tal füllten und sich bis zum Bow River hinabwälzten. Diese Gletscher hinterließen hohe Moränenwälle, hinter denen sich nun der See staut. Die Indianer bezeichneten den Lake Louise als den „See der kleinen Fische", später wurde er nach Prinzessin Louise, der Tochter der Königin Victoria und Frau des Marquis of Lorne, Governor General of Canada 1878–1883, benannt.

Lake Louise war schon von Anfang an ein beliebtes Ziel der Touristen. Im Jahre 1890 erbaute die Canadian Pacific Railway kleine

Rechts: Der Mount Verendrye ist umgeben von dichten Wäldern aus Kiefern und Fichten (Kootenay-Nationalpark).

Der Vermilion-Paß bildet die Grenze der Nationalparks Banff und Kootenay. 1968 vernichtete ein ungeheurer Brand 2494 Hektar Wald.

Links: Leuchtend rote Fireweed-Kerzen blühen bevorzugt in ehemaligen Brandgebieten – daher der Name Fireweed: Feuerkraut.

Nur wenige Wochen im Jahr leuchten die Sommerwiesen in den Rocky Mountains so prachtvoll. Der Sommer ist hier nur kurz, daher wird die ganze Schönheit auf einmal entfaltet.

Vermilion River mit Blick in das Numa-Tal (Kootenay-Nationalpark)

Ein Teil des Mount Wardle wurde von Gletschern wie mit Sandpapier abgeschliffen. Das ehemalige Gletscherbett ist gut sichtbar (Kootenay-Nationalpark).

Unentschlossen, wie er seinen Weg fortsetzen soll, scheint hier der Vermilion River (Hector Gorge, Kootenay-Nationalpark).

Oben: Der Grizzly – einst der unbestrittene Herrscher über die weiten Gebiete Nordamerikas – ist heute nur noch vereinzelt in den Nationalparks und im unwirtlichen hohen Norden von Kanada und Alaska zu finden. Unten links: Murmeltier. Unten Mitte: Erdhörnchen oder Ziesel – Spezialisten in punkto Überwintern. In der kältesten Jahreszeit können sie ihre Körpertemperatur bis fast auf den Gefrierpunkt senken, um Energie zu sparen. Unten rechts: Die reizenden kleinen Streifenhörnchen (Chipmunks) sind in allen Parks zu finden.

112 *Der Mount Harkin erhielt seinen Namen nach dem ersten Beauftragten für Kanadas Nationalparks (Kootenay-Nationalpark).*

rustikale Hütten als Unterkünfte an das Seeufer. Zweimal vernichteten Brände fast die gesamten Anlagen. Das klotzige „Chateau Hotel", das trotz seiner vielen Zimmerfluchten dem heutigen Ansturm der Gäste nicht mehr gewachsen ist, wurde 1924 errichtet. Damals wurde auch eine Vielzahl neuer Wanderwege geschaffen, insgesamt sind es heute mehr als 70 Kilometer allein in dem Gebiet um den See.
Es fällt nicht leicht, den bildschönen Lake Louise zu verlassen. Aber nicht weit von ihm entfernt lockt ein weiterer See, der ihm durchaus Konkurrenz machen kann – der Moraine Lake. Eine Seitenstraße biegt etwa drei Kilometer vom Lake Louise entfernt in das enge, dichtbewaldete Tal des Moraine Creek ein. Dieses Tal ist auch unter dem Namen „The Valley Of The Ten Peaks", das Tal der zehn Bergspitzen, bekannt. Es wurde nach dem ursprünglichen Indianerwort Wenkchemna, das zehn bedeutet, ins Englische übersetzt. Walter Wilcox, einer der ersten Erforscher dieser Gegend, benannte den Moraine Lake nach einer hohen Moränenwand am nördlichen Seeufer. Aber man ist sich heute nicht ganz sicher, ob es sich hierbei wirklich um eine Gletschermoräne handelt. Möglicherweise stammt der Geröllhaufen von einer Steinlawine des Berges Tower of Babel. Der Moraine Lake liegt, ähnlich wie der Lake Louise, in einer von Gletschern geformten Senke. Auch hier schoben sich während der Eiszeiten gewaltige Eismassen durch das Valley Of The Ten Peaks bis zum Tal des heutigen Bow River. Ganz auffallend sind die ungeheuren Geröllabgänge, die sich an der Basis der steilen östlichen Felswand angehäuft haben. Die umfangreichen Sedimentablagerungen werden eines Tages den schmucken Moraine Lake vollständig ausfüllen.
Auf zwei beschaulichen Wanderwegen kann man den See und seine Umgebung erkunden. Ein Pfad führt am Westufer entlang bis an die Bergflanken des Wenkchemna Peak. Der zweite Weg windet sich südostwärts unterhalb der Panorama Ridge entlang bis zu den zwei Consolation Lakes (hin und zurück sechs Kilometer). Diese beiden Seen liegen in einem weiten Felsentrümmergebiet, das von Murmeltieren und Schneehühnern bewohnt wird.
Vom Abstecher zum Moraine Lake wieder zurück zum Icefields Parkway, der nun gemeinsam mit dem Trans-Canada Highway am Südufer des Bow River seinen Weg fortsetzt. Am gegenüberliegenden Flußufer läuft parallel der Highway 1 A, der erst wenige Kilometer vor Banff City wieder in den Trans-Canada Highway mündet. Das Tal des Bow River ist nun breit und offen. Im Flußtal dominiert weithin sichtbar der Castle Mountain (2752 Meter) und präsentiert seine ganz charakteristische langgestreckte Felswand. Sie erinnert mit trutzigen Felstürmen und -terrassen sehr an eine uneinnehmbare Festung. James Hector, der diesen Berg als erster bestieg, nannte ihn treffend Castle Mountain. In jüngerer Zeit hat man seinen Namen in Mount Eisenhower geändert. Das Gestein dieses gewaltigen Berges zählt zu den ältesten in den kanadischen Rockies. Während der obere Teil etwa 400–600 Millionen Jahre alt ist, zählt die Basis „nur" ca. 200 Millionen Jahre. Durch starke Auffaltung überlagerten die älteren Schichten die weit jüngeren. Der Mount Eisenhower erhebt sich direkt an der Straßengabelung zum Kootenay-Nationalpark. Doch von diesem Naturreservat soll erst später die Rede sein.
Läßt man den Mount Eisenhower hinter sich, sieht man rechter Hand Copper Mountain (2795 Meter) und etwas dahinter Pilot Moun-

tain (2954 Meter). Durch seine unverkennbare Form und die horizontale Schichtung seines Gesteins diente der Pilot Mountain den ersten Landerkundern als Wegweiser und erhielt auf Grund dessen seinen Namen. Gegenüber ragt der Mount Ishbel (2877 Meter) inmitten der stark zerklüfteten Sawback Range steil in den Himmel. Diese langgestreckte graue Felskette wurde extrem aufgefaltet. Was für enorme Kräfte aus dem Erdinnern mußten hier tätig gewesen sein, um ein beinahe vertikales Hochschieben dieser riesigen Steinwände hervorzurufen! Unterhalb der Sawback Range breiten sich im offenen Flußtal weite Wälder und Wiesen aus. Der Bow River schuf in seinem flachen Geröllbett eine Vielzahl kleiner Inseln, zerstörte sie wieder und formte an anderer Stelle neue – ein eindrucksvolles Bild, das sich hier dem Besucher bietet.

Bis Banff City ist es nun nicht mehr weit. Kurz vor der Ortschaft taucht rechts der dichtbewaldete Sulphur Mountain (2450 Meter) auf. Die heißen Schwefelquellen an seinem Fuße waren Anlaß für die Einrichtung einer ersten Naturschutzzone in diesem Gebiet. Links neben ihm zieht die außerordentlich stark aufgefaltete und zerfurchte graue Sandsteinwand des Mount Rundle (2999 Meter) die Blicke auf sich. Seine Spitze hat eine ganz ungewöhnliche Form und erstreckt sich als langer scharfer Grat weit südwärts. An vielen Tagen im Jahr wird die Spitze des Berges von einer flaumigen Wolke eingehüllt. Sie entsteht durch das Aufsteigen feuchter Luft an der Westwand. Erreicht die Luft den Bergkamm, so sind die niedrigeren Druck- und Temperaturverhältnisse gerade richtig, um eine Wolke zu bilden. Besonders am Morgen oder Abend entstehen manchmal geradezu dramatische Wolkenformationen.

Zwei Aussichtspunkte rechts der Straße geben einen vorzüglichen Blick auf den Sulphur Mountain, Mount Rundle und das Tal des Bow River frei. Der Fluß weicht hier von seiner bisherigen Richtung ab und beschreibt eine langgezogene S-Kurve, die erst hinter Banff beendet ist. Zwischen seinen weitverzweigten Armen und Kanälen schuf der Bow River drei flache Seen, die von Espen und Weiden umgeben sind – die Vermilion Lakes. Bevor die Eisenbahnlinie gebaut wurde, war der Wasserstand dieser Seen von den Jahreszeiten abhängig und durch Biberdämme reguliert. Anstelle der Biber kontrolliert heute ein kleiner Damm den Wasserspiegel. Er sorgt das ganze Jahr über für eine bestimmte Seetiefe, die den Fischen und den vielfältigen Wasserpflanzen ein Überleben ermöglicht. An windstillen Tagen spiegelt sich die schroffe Felswand des Mount Rundle makellos in den Vermilion Lakes wider.

BANFF UND UMGEBUNG

Die kleine Ortschaft Banff ist hauptsächlich, ebenso wie Jasper, eine wichtige touristische Versorgungsinsel in den Nationalparks. Sie ist weder ein idyllisches noch ein ruhiges Städtchen – vielmehr ein riesiges, überlaufenes Einkaufszentrum, besonders in der Sommerzeit. Banff ist noch etwas mehr kommerzialisiert als Jasper, doch dafür bietet es auch fast unbegrenzte Möglichkeiten zur Freizeitgestaltung. Außer Wandern und Angeln, Reiten und Kanufahren, Golf und Tennis werden Floßfahrten, eine Kletterschule, Schwefelheilbäder, Naturmuseen, Kunstgalerien, Konzerte, Ballett und Musicals offeriert. Zwei Berglifte, einer am Mount Norquay (2522 Meter), einem sehr bekannten Wintersportgebiet, ein weiterer am Sulphur Mountain (2450 Meter), bringen die Besucher zu Aussichtspunkten, die phantastische Rundblicke über das weite Tal, die kleine Stadt und die umliegende Bergwelt ermöglichen. Und natürlich ist Banff auch ein Ausgangspunkt für zahllose Wanderungen und Ausflüge.

In der näheren Umgebung der Ortschaft wurden kurze, ausgezeichnete Wanderpfade angelegt: zu den Bow-Wasserfällen, zum Gipfel des Tunnel Mountain, zum Sundance Canyon, dem Spray River Valley und den Upper Hot Springs, den thermalen Quellen des Sulphur Mountain. Die beliebtesten Ausflugsziele außerhalb von Banff sind der Johnston Canyon und der Lake Minnewanka.

Der Johnston Canyon befindet sich etwa 26 Kilometer westlich am Highway 1 A, der parallel zum Trans-Canada Highway verläuft. Die Schmelzwasser des Bonnet-Gletschers der Sawback Range vereinigen sich zum Johnston Creek, der kurz vor seiner Mündung in den Bow River eine enge, steilwandige Schlucht gegraben hat. Über mehrere Klippen stürzen seine Wasser in die Tiefe. Durch eine scharfe Kursänderung im Flußlauf und eine schnell erodierende, eingelagerte Gesteinsschicht hat die Kraft des fließenden Wassers einen natürlichen, horizontalen Tunnel geschaffen. Der bequeme Wanderweg führt nach dem Canyon noch etwas weiter bis zu den Ink Pots, sechs kristallklaren grünen Quellen, die erstaunlicherweise das ganze Jahr über eine konstante Temperatur von + 1° C aufweisen. Im Winter ist dieses Gebiet ideal für den Skilanglauf.

Auf dem Weg zum Lake Minnewanka, der etwa zehn Kilometer östlich der Stadt gelegen ist, trifft man auf halber Strecke auf eine inzwischen stillgelegte Kohlenmine – die Bankhead. Noch um die Jahrhundertwende stand hier um diese Mine eine kleine Ortschaft mit ca. 1000 Einwohnern. In Spitzenzeiten förderte man ca. 1000 Tonnen Kohle und erzeugte 300 Tonnen Briketts täglich. Nach Streiks, Arbeiterproblemen, technischen Schwierigkeiten und erdrückender Konkurrenz außerhalb des Parks wurde die Mine 1922 geschlossen. Ihre Kraftanlagen versorgten danach nur noch die Stadt Banff mit Strom, bis ein Staudamm und ein Wasserkraftwerk 1941 am Lake Minnewanka fertiggestellt waren. Dieser See ist mit fast 20 Kilometern Länge der größte im Banff-Nationalpark. Früher lebten an seinen Ufern Cree-Indianer. Sie waren es auch, die dem See seinen Namen gaben; Minnewanka heißt so viel wie Teufelssee. Bevor er aufgestaut wurde, bestand er aus zwei kleineren Seen, die durch einen Kanal verbunden waren. Nach dem Dammbau stieg sein Wasser um etwa 25 Meter an. Aus den zwei kleinen Seen formte sich ein großer, in dem der ehemalige Kanal, die alten Indianerpfade und die Uferwälder versanken. Es bildeten sich neue Uferlinien und neue Klippen.

Der See ist heute ein sehr beliebtes Freizeitgebiet. Rund um den Lake Minnewanka führen nun gute Pfade entlang, die eine sehr schöne Sicht auf die umliegenden Berge bieten. Die drei mächtigsten Felsriesen am Ostende sind der Mount Aylmer (3164 Meter) links, der Mount Inglismaldie (2966 Meter) und der Mount Girouard (2996 Meter) rechts.

Während der Zwischeneiszeiten entleerte der Bow River seine Fluten in den Lake Minnewanka. Er floß damals durch das Cascade

Valley, das sich östlich von Banff erstreckt, und mündete am heutigen Südwestufer in den See. Zweimal hintereinander wurde der Bow River durch riesige Moränenwälle blockiert und aufgestaut. Im Bow Valley war ein langgestreckter See entstanden, der schließlich den Gerölldamm zwischen dem Tunnel Mountain und dem Mount Rundle durchschnitt. Das Wasser konnte abfließen, die Dämme wurden nach und nach von den Fluten abgetragen und das Geröll über das Tal verstreut.

Wie groß und mächtig die Gletscherzungen und Moränenberge einst gewesen sein müssen, sieht man deutlich, wenn man dem Lauf des Bow River weiter bis zum Osteingang des Banff-Nationalparks folgt. Der Fluß bildet in dem offenen ehemaligen Gletschertal zwischen den weit verstreuten Geröllmassen eine langgezogene, flache Seenkette.

Der Johnston Canyon und Lake Minnewanka sind sicher die beliebtesten, aber nicht die einzigen Wandermöglichkeiten rund um Banff. Weitere empfehlenswerte Vorschläge sind drei Pfade, die vom oberen Parkplatz am Mount Norquay starten; der Stoney Squaw Trail (hin und zurück fünf Kilometer) und der Cascade Amphitheatre Trail, der zum westlichen Kar des Cascade Mountain (2998 Meter) führt (hin und zurück 13 Kilometer). Der Elk Lake Trail (hin und zurück 25 Kilometer), der längste dieser drei Wege, ist auch der reizvollste. Er windet sich durch üppig blühende Wiesen und bietet eine überwältigende Fernsicht. Am Elk Lake, der sich zu Füßen des Mount Brewster (2859 Meter) in ein kleines hängendes Tal schmiegt, endet der Pfad.

Als letzte Wanderanregung im Banff-Nationalpark soll noch auf ein besonders schönes Gebiet hingewiesen werden: die Sunshine Meadows (Sonnenschein-Wiesen), etwa 16 Kilometer westlich von Banff gelegen. Man erreicht sie auf einer Nebenstraße, die vom Trans-Canada Highway abzweigt. Im Winter ist dies ein beliebtes Skigebiet, im Sommer jedoch sind die Wiesen, die nur auf Grund einer sehr dünnen Erdschicht über dem Geröll existieren können, mit einer unglaublichen Blumenfülle überschüttet. Ein kurzer Abstecher führt zum Larix Lake, dessen Ufer von einem offenen, alpinen Lärchenwald umgeben sind. Im Herbst färben sich die Nadeln dieser Bäume goldgelb und fallen schließlich ab. Ein wundervolles Gebiet, das man ohne große Anstrengungen durchstreifen und genießen kann.

Natürlich bietet auch der südöstliche Teil des Banff-Nationalparks den Freunden ausgedehnter Rucksacktouren ein weites Netz an Wanderwegen. Manche Routen erstrecken sich über mehrere Tage und ziehen sich bis in den Kananaskis Provincial Park, den Mount Assiniboine Provincial Park oder den Kootenay-Nationalpark.

KOOTENAY-NATIONALPARK

VERMILION-PASS – MARBLE CANYON – PAINT POTS – KOOTENAY VALLEY – RADIUM HOT SPRINGS

Den Kootenay-Nationalpark erreicht man vom Banff-Nationalpark aus über den Banff-Windermere Parkway, der an der Eisenhower Junction vom Trans-Canada Highway in südlicher Richtung abzweigt.

Dieses 1370 Quadratkilometer große Naturschutzgebiet wurde 1919 gegründet. Es stößt im Norden an den Yoho-Nationalpark, im Osten an den Banff-Nationalpark und den Assiniboine Provincial Park.

Der Kootenay-Nationalpark zieht sich parallel der Straße entlang, jeweils ca. acht Kilometer an beiden Seiten, vom Vermilion-Paß bis zu den Radium Hot Springs – das sind etwa 95 Kilometer.

Über 200 Kilometer Wanderwege führen durch eine zerklüftete Bergwelt und wunderbare Flußtäler in beinahe jeden Winkel des Parks und darüber hinaus in die umliegenden Nationalparks und Provincial Parks.

Wenn man von der Eisenhower Junction auf den Vermilion-Paß zufährt, wird man schon von weitem von den Bergriesen des Kootenay-Nationalparks begrüßt. Rechts schiebt der Mount Whymper (2843 Meter) seine horizontalen Schichten gegen den Himmel, gegenüber beherrscht die riesige Wand des Storm Mountain (3161 Meter) das Panorama. Hat man den Vermilion-Paß (1651 Meter) erreicht, erscheint hinter dem Storm Mountain die weiße Schneespitze des Stanley Peak (3155 Meter) und ein

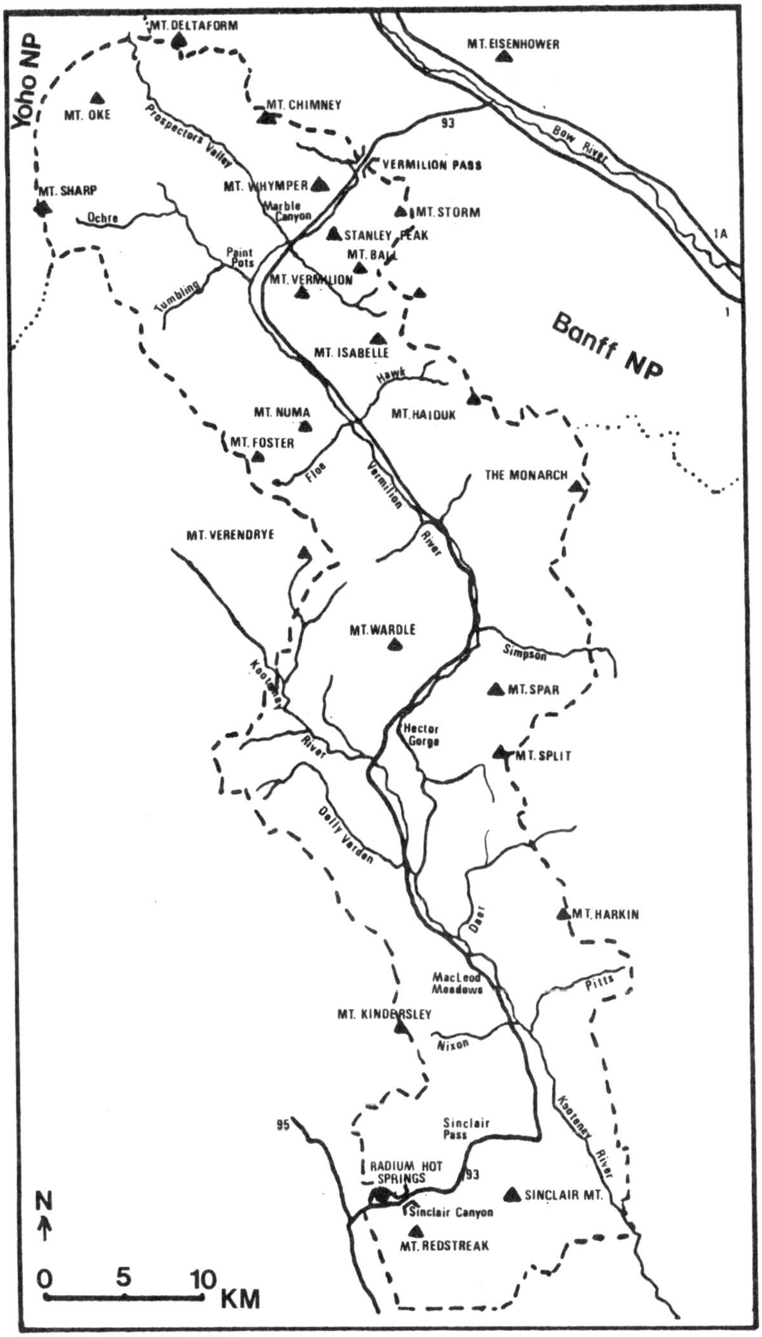

Kootenay-Nationalpark

Teil seines Gletschers. Die gewundene Grenze zwischen dem Banff-Nationalpark und dem Kootenay-Nationalpark, auf deren Linie der Paß liegt, folgt der kontinentalen Wasserscheide und ist zugleich die Zeitgrenze. Über den Vermilion-Paß verlief eine alte Indianerroute der Kutunaxa (daraus wurde Kootenay), der „Menschen hinter den Bergen", die hier die Rocky Mountains überquerten.

Wer an den V e r m i l i o n - P a ß kommt, dem wird sofort die ungeheuer große, abgebrannte Waldregion auffallen. Im August 1968 war in der Nähe des Marble Canyon ein Feuer ausgebrochen, das sich durch heftige, trockene Westwinde rasch ausdehnte und schließlich sogar auf den Banff-Nationalpark übergriff. Die dunklen Rauchwolken ballten sich Hunderte von Metern hoch über den Bergspitzen. Herbeigeeilte Löschmannschaften waren machtlos; über drei Tage lang wütete das Feuer völlig außer Kontrolle. Am vierten Tag begann ein starker Regen und dämmte die Feuersbrunst ein. Insgesamt waren 2494 Hektar Waldbestand restlos vernichtet worden. Doch wenn man heute vor dem ehemaligen Brandgebiet steht, sieht man es wieder überall sprießen und wachsen. Der überalterte Wald ist zerstört. Ein neuer Wald, weit vielfältiger besiedelt durch Pflanzen und Tiere, wächst heran. Lange Zeit wußte man über die Vorzüge natürlicher Brände nicht Bescheid. Meist durch einen Blitz ausgelöst, vernichten kleinere Feuer das alte abgestorbene Gehölz und schaffen Dünger und Freiraum für neue Pflanzen. Ein überalterter oder von Menschen durch Brandbekämpfung geschützter Wald entzieht allen jüngeren und kleineren Pflanzen Licht und Nährstoffe. Sie haben hier keine Überlebenschance. Bricht in so einem Waldgebiet ein Feuer aus, dann sind die Ausmaße meist verheerend. Ein kleines natürliches Feuer dagegen, das immer wieder entsteht, wirkt eher regulierend und schafft für Fauna und Flora neuen Lebensraum. Es schadet den gesunden, dickrindigen Bäumen kaum.

Ein sehr alter Wald besteht hier fast nur noch aus Tannen, Fichten und einigen wenigen Kiefern, die sich gegenseitig das Licht wegnehmen. Nach einem Brand sprießt und gedeiht im Sonnenlicht der offenen Flächen und in der mineralhaltigen Asche des alten Waldes ein ganzes Mosaik der verschiedensten Baumarten, außerdem Büsche, Blumen und Gräser. Einige Pflanzen sind regelrechte „Brandfolger", wie zum Beispiel das Fireweed (Feuerkraut) oder eine bestimmte Art der Arnika. Eine besondere Anpassung an Brände zeigt auch die Lodgepole-Kiefer. Die Zapfen dieses Baumes öffnen sich und verstreuen die Samen erst bei einer Temperatur von etwa 45° C. Sie sind daher überwiegend in ehemaligen Brandregionen zu finden.

Die frischen Triebe eines neu heranwachsenden Waldes locken viel Wild und kleine Tiere an. Ihnen wiederum folgen die Raubtiere. So fügt sich ein Glied der komplexen Kette des Lebenszyklus an das andere.

Ein kurzer Spaziergang durch das ehemalige Brandgebiet zeigt deutlich die Auswirkungen des Brandes und die Folgen für das Ökosystem.

Nicht weit vom Vermilion-Paß entfernt, an der Brücke über den Vermilion River, biegt links von der Straße ein sehr schöner Wanderweg ab. Er schlängelt sich bis an den Fuß des Stanley-Gletschers, dessen Eiswand man schon teilweise vom Paß aus sehen konnte. Der neun Kilometer lange Pfad (hin und zurück) durchkreuzt von seinem Anfang bis zu seinem Ende herrliche Blumenwiesen. Das Ziel ist ein hängendes Tal, aus dem sich die Eismassen des Stanley-Gletschers allmählich zurückziehen. Die Senke mit einem weiten Feld aus Gesteinsbrocken ist das Zuhause von Murmeltieren. Wer Glück hat, kann hier nicht nur einige dieser sehr scheuen Tiere entdecken, möglicherweise findet er auch über 500 Millionen Jahre alte Versteinerungen – eine gleichermaßen schöne wie auch interessante Wanderung.

Nahe dem Ausgangspunkt dieses Weges, am Banff-Windermere Parkway, erreicht man nach kurzer Fahrt den Marble Canyon. Die stürmischen Wasser des Tokumm Creek wuschen im Laufe von Jahrtausenden eine 61 Meter tiefe und 400 Meter lange Schlucht in den grauweißen Kalksteinfels. Und gleich nach dem Canyon liegt am Ochre River ein weiterer interessanter Punkt am Weg – die Paint Pots. In diesen gelbbraunen Schlammquellen befinden sich große Mengen eisenhaltiger Mineralien, die diese Erdfarbe hervorrufen. Den Indianern waren die Quellen gut bekannt. Sie trockneten den Schlamm, dessen Farbe sich während dieses Vorgangs ins Rote veränderte, zermahlten die Erdklumpen zu feinem Staub und vermischten dieses rötliche Mehl mit tierischen Fetten. Die so gewonnene rote, nicht besonders gut riechende Paste verwendeten sie zum Bemalen ihrer Zelte und des Körpers, zum Einfärben ihrer Kleidung und als Tauschobjekt bei anderen Stämmen.

Von den Paint Pots geht ein reizvoller Wanderweg in die Berge. Anfangs zieht sich die Route am Ochre River entlang, überquert ihn nach einigen Kilometern und folgt von da ab dem Tumbling Creek, einem seiner Nebenarme, nach Südwesten bis zum Tumbling-Paß. Nicht weit von diesem Bergsattel liegt der eisige Tumbling-Gletscher, eine zerfurchte Eismasse unterhalb einer sehr spitzen und fast senkrechten Felswand. Der Rückweg führt durch das Tal des Numa Creek bis zum Vermilion River und von da aus zurück zu den Paint Pots.

Auf der Weiterfahrt nach Süden sind am Vermilion River deutlich die Spuren der Paint Pots zu sehen: Ein intensiver rostroter Streifen zieht sich am rechten Flußufer entlang. Der Blick in das Numa Valley und auf den Mount Numa (2724 Meter) ist hier sehr weit. Die Straße beschreibt einen leichten Bogen und streckt sich unterhalb der Bergflanken des Mount Numa und des Mount Isabelle (2937 Meter). Und hier am Floe Creek, direkt südlich des Numa-Bergmassivs, schlängelt sich ein weiterer wunderschöner Wanderweg bis zur Westgrenze des Parks. Dort liegt an der Basis einer senkrechten, atemberaubenden Felswand der leuchtend blaue Floe Lake (2040 Meter). Große Eisstücke brechen aus dem langgestreckten Gletscher zu Füßen des „Rockwall" und treiben als Eisschollen auf dem hübschen kleinen See. Seine Ufer sind umgeben von reich blühenden Almwiesen und Lärchenwäldern. Im Herbst leuchten die goldenen Nadeln der Bäume weithin sichtbar. Bis zum Floe Lake und zurück sind es etwa 21 Kilometer – ein Tagesmarsch, der sich wirklich lohnt.

Vom Floe Creek aus setzt die Straße ihren Weg südwärts fort. Sie passiert den dicht bewaldeten Mount Verendrye (3086 Meter) und die von Gletschern stark zerfurchte Wand des Mount Wardle (2809 Meter). Ein U-förmiger Einschnitt im Gestein zeigt ganz deutlich, wo die Kräfte des Eises lange Zeit geschliffen haben. Mit einem Fernglas kann man an seinen steilen Flanken oft Schneeziegen beobachten. Gegenüber dem Mount Wardle erhebt sich der Mount Spar (2567 Meter). Unterhalb seiner Südseite verzweigt sich der Vermilion River in der dichtbewaldeten Hector Gorge. Der Fluß ändert nun im rechten Winkel seinen Lauf. Von einem Aussichtspunkt hoch über dem Vermilion River zeigt sich eine gute Übersicht über das Tal und die umliegenden Berge.

Einen noch besseren Panoramablick hat man vom Mount Wardle Fire Lookout. Eine drei Kilometer lange Staubstraße führt vom Haltepunkt Hector Gorge steil auf eine Anhöhe, von der aus man über das Kootenay Valley bis zur Brisco Range blicken kann.

Einige Kilometer nach der Hector Gorge überquert der Banff-Windermere Parkway den Kootenay River. Er folgt dem Fluß im weiten Gerölltal ehemaliger Gletscher zwischen zwei Bergketten hindurch. Schließlich vereinigen sich der Vermilion River und der Kootenay River. Sie bilden einen breiten, flachen und weit verzweigten Flußlauf im Kootenay Valley. Bei den McLeod Meadows spannt sich eine Brücke über den Kootenay River, und ein etwa fünf Kilometer langer Rundweg führt bis zum hübsch gelegenen Dog Lake, einem Schmelzwassersee der Mitchell Range. Im Hintergrund thront die steile, schroffe Felswand des Mount Harkin (2981 Meter). Sie wurde nach James B. Harkin, dem ersten (1911–1936) Commissioner of National Parks of Canada, benannt – ein eindrucksvoller Berg mit außergewöhnlichen Formen.

Noch einige Kilometer folgt die Straße dem stark gewundenen Flußlauf des Kootenay River. Dann steigt sie steil an und macht plötzlich einen scharfen Knick in westliche Richtung. An dieser engen Kurve liegt der letzte Aussichtspunkt, von dem aus man einen weitreichenden Blick über das dunkelgrüne Tal des Kootenay River und die gegenüberliegenden grauen Wände der Mitchell Range hat. Dies ist fast schon ein Abschiedsblick, der das Herz schwer macht. Die Straße steigt weiter an bis zum Sinclair-Paß (1486 Meter), windet sich dann in vielen Kurven wieder talwärts, vorbei am Mount Sinclair (2661 Meter) und durch die steilen roten Wände des Sinclair Canyons. Direkt am Südende liegt noch eine der großen Attraktionen des Kootenay-Nationalparks: die Radium Hot Springs. Schon die Indianer kannten diese thermalen Quellen und nahmen dort gelegentlich ein Bad. In jüngeren Tagen richtete man im Park zwei Becken ein, die das ganze Jahr geöffnet sind, und erbaute außerhalb der Parkgrenze eine ganze Reihe von Hotels.

Mit den Radium Hot Springs, am Ende des Kootenay-Nationalparks, ist nun zugleich auch das Ende des Streifzuges durch die Nationalparkkette Jasper – Banff – Kootenay in den kanadischen Rocky Mountains erreicht.

Wohl jedem, der hier einige Zeit verbringen konnte, wird dieser Aufenthalt für immer in Erinnerung bleiben – die Erinnerung an das Land der mächtigen Berge, der endlosen Wälder und der schimmernden Seen.